U0883755

会计基础实训习题册

主　审　王云霞　黄恩平

主　编　孙美娇　潘　成　肖炜华

副主编　张　兰　殷晓燕　应　瑛

陈思雨　刘玉清

合肥工業大學出版社

目　　录

项目一　总　论

一、单项选择题

1. 会计所使用的主要计量尺度是(　　)。

A. 实物量度　　B. 劳动量度

C. 货币量度　　D. 实物量度和货币量度

2. 会计的基本职能是(　　)。

A. 核算和管理　　B. 控制和监督

C. 核算和监督　　D. 核算和分析

3. 会计的一般对象可以概括为(　　)。

A. 经济活动　　B. 再生产过程中的资金运动

C. 生产活动　　D. 管理活动

4. 下列业务不属于会计核算范围的是(　　)。

A. 用银行存款购买材料　　B. 生产产品领用材料

C. 企业自制材料入库　　D. 与其他企业签订购料合同

5. 会计主体假设规定了会计核算的(　　)。

A. 时间范围　　B. 空间范围

C. 期间费用范围　　D. 成本开支范围

6. 下列属于收益性支出的有(　　)。

A. 建造房屋的各项支出　　B. 长期股票投资支出

C. 生产工人工资　　D. 为取得专利权发生的支出

7. 下列各项中适用于划分各会计期间收入和费用的原则是(　　)。

A. 实际成本计价原则　　B. 一致性原则

C. 权责发生制原则　　D. 谨慎性原则

8. 下列各项中适用于财产计价的原则是(　　)。

A. 权责发生制原则　　B. 配比原则

C. 收付实现制原则　　D. 实际成本原则

9. 下列原则中不属于信息质量要求的原则是(　　)。

A. 明晰性原则　　B. 可比性原则

C. 配比原则　　D. 相关性原则

10. 2020 年 9 月 20 日采用赊销方式销售产品 50000 元,11 月 25 日收到货款存入银行。按收付实现制核算时,该项收入应属于(　　)。

A. 2020 年 9 月　　B. 2020 年 10 月

C. 2020 年 12 月　　D. 2020 年 11 月

11. 2020 年 3 月 20 日采用赊销方式销售产品 60000 元,6 月 20 日收到货款存入银行。按权责发生制核算时,该项收入应属于(　　)。

A. 2020 年 3 月　　B. 2020 年 4 月

C. 2020 年 5 月　　D. 2020 年 6 月

12. 某企业 2020 年 7 月支付厂部管理人员工资 12000 元,预支厂部半年(含本月)修理费 1800 元,生产车间保险费 4000 元。按权责发生制核算时,该企业 2020 年 7 月管理费用发生额为(　　)。

A. 12000 元　　B. 13800 元

C. 16300 元　　D. 12300 元

13. 固定资产采用加速折旧法,主要是体现会计原则中的(　　)。

A. 配比原则　　B. 收付实现制原则

C. 谨慎原则　　D. 及时性原则

14. 建立货币计量假设的基础是(　　)。

A. 币值变动　　B. 人民币

C. 记账本位币　　D. 币值不变

15. 将企业资产和负债区分为流动和长期的前提是(　　)。

A. 会计主体　　B. 持续经营

C. 会计分期　　D. 货币计量

16. 下列各项中,属于会计基本职能的是(　　)。

A. 会计核算与会计预测

B. 会计核算与会计决策

C. 会计核算和会计监督

D. 会计核算与会计分析

17. 目前我国的行政单位会计采用的会计基础,主要是(　　)。

A. 权责发生制　　B. 应收应付制

C. 收付实现制　　D. 统收统支制

18. 由于(　　)的存在，才产生了本期与其他期间的差异，从而出现了权责发生制和收付实现制。

A. 会计主体　　B. 持续经营

C. 会计分期　　D. 货币计量

19. 对本单位财务会计报告的真实性和完整性负责的是(　　)。

A. 会计机构负责人

B. 单位负责人

C. 记账会计人员

D. 总会计师

20. 会计对象是(　　)。

A. 生产经营过程

B. 企业所有的以货币表现的经济活动

C. 会计主体

D. 资金运动的数量方面

21. (　　)是会计的首要职能。

A. 会计核算　　B. 会计决策

C. 会计控制　　D. 会计考核

22. 某企业 2020 年 8 月发生了如下经济业务：①预付下季度房租 20000 元；②收到 3 月销售商品货款 25000 元，款项已存入银行；③购买 1000 元的办公用品；④预收购货方定金 12000 元，货物尚未发送。以权责发生制为计算基础时，8 月的收支净额为(　　)元。

A. 24000　　B. 16000

C. 4000　　D. 36000

23. 企业销售商品时，如果没有将商品所有权上的风险和报酬转移给购货方，即使已经将商品交付给购货方，也不应当确认销售收入，体现了会计信息质量(　　)的基本要求。

A. 谨慎性　　B. 实质重于形式

C. 相关性　　D. 重要性

24. 关于会计核算的基本前提，下列说法中不正确的是(　　)。

A. 会计基本假设包括会计主体、持续经营、会计分期和货币计量

B. 如果企业发生破产清算，经相关部门批准后，可以继续适应持续经营假设

C. 在我国，以公历年度作为企业的会计年度，即公历 1 月 1 日至 12 月 31 日

D. 会计的货币计量假设，包含了两层含义：一是以货币作为会计的统一计量单位；二是作为会计计量单位的货币，其币值是稳定不变的。

25. 一般说来，会计主体与法律主体是(　　)。

A. 有区别的　　B. 相互一致的

C. 不相关的　　D. 相互可替代的

26. 下列项目中，不属于会计核算方法的是(　　)。

A. 复式记账　　B. 成本计算

C. 财产清查　　D. 编制财务预算

27. 界定从事会计工作和提供会计信息的空间范围的会计基本前提是(　　)。

A. 会计职能　　B. 会计主体

C. 会计内容　　D. 会计对象

28. 企业固定资产可以按照其价值和使用情况，确定采用某一方法计提折旧。它所依据的会计核算前提是(　　)。

A. 会计主体　　B. 持续经营

C. 会计分期　　D. 货币计量

二、多项选择题

1. 企业在组织会计核算时，应作为会计核算基本前提的是(　　)。

A. 会计主体　　B. 持续经营

C. 货币计量　　D. 会计原则

E. 会计分期

2. 下列属于资本性支出的有(　　)。

A. 购买机器设备的各项支出　　B. 长期股票投资支出

C. 固定资产折旧支出　　D. 为取得专利权发生的支出

E. 开办费支出

3. 根据权责发生制原则，下列各项中应计入本期的收入和费用的是(　　)。

A. 本期销售货款收存银行
B. 上期销售货款本期收存银行
C. 本期预收下期货款存入银行
D. 计提本期固定资产折旧费
E. 以银行存款支付下期的报刊费

4. 有关确认计量要求的原则是(　　)。
A. 配比原则
B. 权责发生制原则
C. 谨慎原则
D. 历史成本原则
E. 划分收益性支出与资本性支出的原则

5. 如果将一笔收益性支出按资本性支出处理,就会(　　)。
A. 少计资产价值
B. 多计资产价值
C. 少计费用
D. 多计费用
E. 多计净收益

6. 下列各项属于静态会计要素的是(　　)。
A. 资产
B. 收入
C. 费用
D. 负债
E. 所有者权益

7. 下列各项属于动态会计要素的是(　　)。
A. 资产
B. 收入
C. 费用
D. 利润
E. 所有者权益

8. 反映企业财务状况的会计要素有(　　)。
A. 资产
B. 收入
C. 费用
D. 负债
E. 所有者权益

9. 反映企业经营成果的会计要素有(　　)。
A. 资产
B. 收入
C. 费用
D. 利润
E. 所有者权益

10. 下列关于会计要素之间关系的说法正确的是(　　)。
A. 费用的发生,会引起资产的减少,或引起负债的增加
B. 收入的取得,会引起资产的减少,或引起负债的增加
C. 收入的取得,会引起资产的增加,或引起负债的减少
D. 所有者权益的增加可能引起资产的增加,或引起费用的增加

E. 以上说法都正确

11. 下列业务不属于会计核算范围的事项是(　　)。

A. 用银行存款购买材料　　B. 编制财务计划

C. 企业自制材料入库　　D. 与其他企业签订购料合同

E. 产品完工验收入库

12. 下列关于资产的特征说法正确的有(　　)。

A. 必须为企业现在所拥有或控制　　B. 必须能用货币计量其价值

C. 必须是用来转卖的财产　　D. 必须是有形的财产物资

E. 必须具有能为企业带来经济利益服务的潜力

13. 下列属于所有者权益的有(　　)。

A. 投入资本　　B. 资本公积金

C. 盈余公积金　　D. 未分配利润

E. 银行借款

14. 下列组织可以作为一个会计主体进行会计核算的有(　　)。

A. 企业集团　　B. 民间非营利组织

C. 分公司　　D. 子公司

15. 下列属于会计核算方法的是(　　)。

A. 设置会计科目和账户　　B. 复式记账

C. 会计预测与决策　　D. 填制和审核会计凭证

16. 下列关于会计主体的说法中,正确的有(　　)。

A. 会计主体一定是法律主体

B. 会计主体可以是独立法人,也可以是非法人

C. 会计主体可以是一个企业,也可以是企业中的一个特定组成部分

D. 会计主体有可能是单一企业,也可能是几个企业组成的企业集团

17. 下列有关会计的说法中,正确的包括(　　)。

A. 本质上是一种经济管理活动

B. 对经济活动进行核算和监督

C. 以货币为主要计量单位

D. 核算特定主体的经济活动

18. 下列业务中,属于资金退出的有(　　)。

A. 购买材料　　B. 缴纳税费

C. 对外分配利润　　D. 归还银行借款

19. 下列各项中，属于会计核算基本前提的有（　　）。

A. 会计主体　　B. 持续经营

C. 会计分期　　D. 货币计量

20. 资金运动的内容包括（　　）。

A. 资金的投入　　B. 资金的循环

C. 资金的退出　　D. 资金的周转

三、判断题

1. 会计分期不同，对利润总额会产生影响。（　　）

2. 我国所有企业的会计核算都必须以人民币作为记账本位币。（　　）

3. 权责发生制是以权益、责任是否发生为标准来确定本期收益和费用。（　　）

4. 历史成本原则是指在会计核算中，对取得的各种财产和物资、形成的各种权益和债务，都应以实际发生的成本作为计价基础。（　　）

5. 凡是会计主体都应进行独立核算。（　　）

6. 会计核算应当区分自身的经济活动与其他单位的经济活动。（　　）

7. 会计主体与法人主体是同一概念。（　　）

8. 谨慎原则是指在会计核算中应尽量低估企业的资产和可能发生的损失、费用。（　　）

9. 货币量度是唯一的会计计量单位。（　　）

10. "资产＝权益"这一会计等式在任何时点上都是平衡的。（　　）

11. 所有经济业务的发生，都会引起会计恒等式两边发生变化，但不破坏会计恒等式。（　　）

12. 应收账款、预收账款、其他应收款均为资产。（　　）

13. 资产是企业拥有的能以货币计量的经济资源。（　　）

14. 待摊费用、应付账款均属于费用要素。（　　）

15. 所有者权益是企业投资人对企业净资产的所有权，其大小由资产与负债两要素的大小共同决定。（　　）

16. 会计监督是一种事后监督。（　　）

17. 会计主体可以是独立法人，也可以是非法人。（　　）

18.《企业会计准则》规定，会计的确认、计量和报告应当以权责发生制为基础。（　　）

19. 收付实现制是以收或支付的现金作为确认收入和费用的依据。(　　)

20. 一个会计主体一定是一个法律主体。(　　)

21. 会计只能以货币为计量单位。(　　)

22. 按照权责发生制原则的要求,凡是本期实际收到款项的收入和付出款项的费用,不论是否归属于本期,都应当作为本期的收入和费用处理。(　　)

四、计算分析题

某企业 2020 年 11 月发生下列经济业务:

(1)销售产品 70000 元,其中 30000 元已收到存入银行,其余 40000 元尚未收到。

(2)收到现金 800 元,系上月提供的劳务收入。

(3)用现金支付本月份的水电费 900 元。

(4)本月应计劳务收入 1900 元。

(5)用银行存款预付下年度房租 18000 元。

(6)用银行存款支付上月借款利息 500 元。

(7)预收销售货款 26000 元,已通过银行收妥入账。

(8)本月负担年初已支付的保险费 500 元。

(9)上月预收货款的产品本月实现销售收入 18000 元。

(10)本月负担下月支付的修理费 1200 元。

要求:①按收付实现制原则计算 11 月的收入、费用。

②按权责发生制原则计算 11 月的收入、费用。(编制会计分录)

项目二　会计要素与会计科目

一、单项选择题

1. 负债是指企业过去的交易或者事项形成的，预期会导致经济利益流出企业的（　　）。

A. 现时义务　　B. 潜在义务

C. 过去义务　　D. 未来义务

2. 资产按照现在购买相同或者相似资产所需支付的现金或者现金等价物的金额计量的会计计量属性是（　　）。

A. 历史成本　　B. 重置成本

C. 公允价值　　D. 现值

3. 企业在对会计要素进行计量时，一般应当采用（　　）。

A. 历史成本　　B. 重置成本

C. 可变净现值　　D. 现值

4. 下列不属于资产类科目的是（　　）。

A. 商品进销差价　　B. 委托代销商品

C. 分期收款发出商品　　D. 代销商品款

5. 下列哪些不构成企业的收入（　　）。

A. 销售商品一批，价款 80 万元

B. 出租包装物，租金收入 1000 元

C. 取得罚款收入 400 元

D. 销售低值易耗品收入 500 元

6. （　　）不属于费用要素。

A. 销售费用　　B. 应交税费

C. 管理费用　　D. 财务费用

7. 下列各项中，属于表现企业资金运动显著变动状态的会计要素有（　　）。

A. 收入　　B. 所有者权益

C. 资产　　D. 负债

8.（　　）不属于企业存货。

A. 库存商品

B. 在产品

C. 接受外单位委托代销的商品

D. 原材料

9. 管理费用属于（　　）。

A. 资产类科目　　B. 成本类科目

C. 负债类科目　　D. 损益类科目

10.（　　）不属于企业的收入。

A. 销售商品一批，收到款项

B. 出租闲置厂房，收到款项

C. 年末获得股票分红，收到款项

D. 出售专利技术，收到款项

11.（　　）是对会计要素的具体内容进行分类核算的项目。

A. 会计科目　　B. 会计账户

C. 会计分录　　D. 会计报表

12.（　　）不属于流动负债。

A. 短期借款　　B. 应付账款

C. 预付账款　　D. 一年内到期的长期负债

13. 下列不属于资产类科目的是（　　）。

A. 存出保证金　　B. 累计摊销

C. 商誉　　D. 预收账款

14. 会计科目与账户的本质区别在于（　　）。

A. 反映的经济内容不同

B. 记录资产和权益的内容不同

C. 记录资产和权益的方法不同

D. 会计账户有结构，而会计科目无结构

15. 负债类账户的余额反映的情况是（　　）。

A. 资产的结存　　B. 负债的结存情况

C. 负债的增减变动　　D. 负债的形成和偿付

16. 关于会计科目，下列说法中不正确的是(　　)。

A. 会计科目的设置应该符合国家统一会计准则的规定

B. 会计科目是设置账户的依据

C. 企业不可以自行设置会计科目

D. 账户是会计科目的具体运用

17. 在下列项目中，与制造费用属于同一类科目的是(　　)。

A. 固定资产　　B. 其他业务成本

C. 生产成本　　D. 主营业务成本

18. 其他业务成本科目按其所归属的会计要素不同，属于(　　)类科目。

A. 成本　　B. 资产

C. 损益　　D. 所有者权益

19. 所设置的会计科目应符合单位自身特点，满足单位实际需要，这一点符合(　　)原则。

A. 实用性　　B. 合法性

C. 谨慎性　　D. 相关性

20. 投资人投入的资金和债权人投入的资金，投入企业后，形成企业的(　　)。

A. 成本　　B. 费用

C. 资产　　D. 负债

21. 会计要素是对(　　)的进一步分解和具体化。

A. 会计职能　　B. 会计目标

C. 会计对象　　D. 会计循环

22. 下列属于费用要素的是(　　)。

A. 制造费用　　B. 主营业务成本

C. 待摊费用　　D. 应付账款

23. 下列属于资产类的是(　　)。

A. 预收账款　　B. 应收账款

C. 应付账款　　D. 资本公积

24. 下列能使所有者权益增加的业务是(　　)。

A. 向银行借款　　B. 购买原材料

C. 销售产品取得收入　　D. 支付产品销售费用

25. 复式记账、试算平衡的基础是(　　)。

A. 会计目标　　B. 会计要素
C. 会计职能　　D. 会计等式

二、多项选择题

1. 下列各项中，属于反映财务状况的会计要素有(　　)。
A. 资产　　B. 负债
C. 收入　　D. 费用
2. 下列各项模块，应确认为企业资产的有(　　)。
A. 购入的无形资产
B. 已霉烂变质无使用价值的存货
C. 融资租入的固定资产
D. 计划下个月购入的材料
3. 下列各项中，属于企业所有者权益组成部分的有(　　)。
A. 股本　　B. 资本公积
C. 盈余公积　　D. 应付股利(负债)
4. 下列有关会计科目与账户的说法中，正确的有(　　)。
A. 会计科目和账户所反映的会计对象的具体内容是相同的
B. 会计科目是账户的名称，也是设置账户的依据
C. 账户具有一定的格式和结构，而会计科目没有
D. 会计科目和账户的作用是完全相同的
5. 下列哪些说法是正确的(　　)。
A. 会计科目仅是对会计要素具体内容进行分类核算的项目或标志
B. 账户是会计科目的具体运用
C. 在实际工作中，对账户和会计科目往往不加严格区分，而是相互通用
D. 账户没有固定的格式和结构
6. 账户的基本结构具体包括(　　)。
A. 账户名称和经济业务发生的日期
B. 所依据记账凭证的编号
C. 交易或事项内容摘要
D. 增加金额、减少金额和余额
7. 会计科目按其核算详细程度不同，可以分为(　　)。
A. 总分类科目　　B. 子目

C. 资产类科目　　　　D. 明细类科目

8. 下列各项中,不属于损益类账户的是(　　)。

A. 实收资本　　　　B. 利润分配

C. 制造费用　　　　D. 主营业务收入

9. 资产的基本特征包括(　　)。

A. 资产应为企业拥有或控制的资源

B. 资产预计会给企业带来经济利益

C. 资产是由企业过去的交易或者事项形成的

D. 资产是由企业将要发生的交易或者事项形成的

10. 下列项目中,属于成本类科目的是(　　)。

A. 生产成本　　　　B. 管理费用

C. 制造费用　　　　D. 长期待摊费用

11. 关于总分类会计科目与明细类会计科目表述正确的是(　　)。

A. 明细类会计科目概括地反映会计对象的具体内容

B. 总分类会计科目详细地反映会计对象的具体内容

C. 总分类会计科目对明细分类科目具有控制作用

D. 明细类会计科目是对总分类会计科目的补充和说明

12. 会计要素包括(　　)。

A. 固定资产　　　　B. 流动负债

C. 所有者权益　　　　D. 收入

13. 下列属于资产类的有(　　)。

A. 累计折旧　　　　B. 融资租入固定资产

C. 人力资源　　　　D. 长期投资

14. 利润包括(　　)三个部分。

A. 营业利润　　　　B. 投资净收益

C. 营业收支净额　　　　D. 主营业务收入

15. 属于期间费用的有(　　)。

A. 营业费用　　　　B. 制造费用

C. 财务费用　　　　D. 管理费用

16. 反映经营成果的会计要素有(　　)。

A. 收入　　　　B. 费用

C. 成本　　　　D. 利润

三、判断题

1. 资产必须能以货币计量，并且在未来能给企业带来经济效益。（　　）

2. 资产必须是企业所拥有的，所有权不属于企业，均不作为企业资产。（　　）

3. 某出资人以机器作为投资，那么该出资人对该机器就享有相应的权益。（　　）

4. 负债是债权人对企业全部资产的求偿权，所以“资产＝负债”。（　　）

5. 收入扣除费用成本后即是企业的利润。（　　）

6. 无论发生何种经济业务，会计等式总是存在的。（　　）

7. 由于“资产＝负债＋所有者权益”，故“资产＝负债＋所有者权益＋利润”这个等式是不正确的。（　　）

8. 会计等式是现代企业会计的基础。（　　）

9. 会计等式使企业产权关系以货币形式进行量化。（　　）

10. 资产负债表会计等式与利润表会计等式是两个完全不相联系的会计等式。（　　）

11. 企业所有的利得和损失均应计入当期损益。（　　）

12. 按现值进行会计计量，是指资产按照预计从其持续使用中所产生的未来净现金流入量的折现金额计量；负债按照预计期限内需要偿还和未来净现金流出量折现金额计量。（　　）

13. 按公允价值进行会计计量，是指资产和负债按照在公平交易中，熟悉情况的交易双方自愿进行资产交换或者债务清偿的金额计量。（　　）

14. 账户的基本结构分为左、右两个方向，左方登记增加，右方登记减少。（　　）

15. 账户与会计科目都是会计对象具体内容的科学分类。两者口径一致，但性质不同。（　　）

项目三 会计等式和复式记账

一、单项选择题

1. 会计科目是(　　)。

A. 账户的名称　　B. 账簿的名称

C. 报表项目的名称　　D. 会计要素的名称

2. 账户结构一般分为(　　)。

A. 左、右两方　　B. 上、下两部分

C. 发生额、余额两部分　　D. 前、后两部分

3. 账户的贷方反映的是(　　)。

A. 费用的增加　　B. 所有者权益的减少

C. 收入的增加　　D. 负债的减少

4. 收益类账户的结构与所有者权益账户的结构(　　)。

A. 完全一致　　B. 相反

C. 基本相同　　D. 无关

5. 账户余额一般与(　　)在同一方向。

A. 增加额　　B. 减少额

C. 借方发生额　　D. 发生额

6. 下列错误中能够通过试算平衡查找的有(　　)。

A. 重记经济业务　　B. 漏记经济业务

C. 借贷方向相反　　D. 借贷金额不等

7. 登记总账与所属明细账的原则是(　　)。

A. 根据总账记明细账　　B. 根据明细账记总账

C. 根据凭证分别登记　　D. 先记总账后记明细账

8. 收入类账户期末结账后,应是(　　)。

A. 贷方余额　　B. 借方余额

C. 没有余额　　D. 借方或贷方余额

9. 应收账款账户初期余额为5000元，本期借方发生额为6000元，贷方发生额为4000元，则期末余额为（　　）。

A. 借方5000元　　B. 贷方3000元

C. 借方7000元　　D. 贷方2000元

10. 在借贷记账中，账户的哪一方记增加数、哪一方记减少数取决于（　　）。

A. 账户的结构　　B. 账户的作用

C. 账户的用途　　D. 账户的类型

11. 下列经济业务发生，使资产和权益项目同时增加的是（　　）。

A. 生产产品领用材料

B. 以现金发放工资

C. 以资本公积转增资本金

D. 收到购货单位预付款，并存入银行

12. 下列科目中属于债权类科目的是（　　）。

A. 应收账款　　B. 营业费用

C. 预收账款　　D. 盈余公积

13. 下列经济业务发生，不会导致会计等式两边总额发生变化的有（　　）。

A. 收回应收账款并存入银行

B. 银行取得借款并存入银行

C. 以银行存款偿还应付账款

D. 收到投资者以无形资产进行的投资

14. 某企业本期期初资产总额为140000元，本期期末负债总额比期初增加20000元，所有者权益总额比期初减少10000元，则企业期末资产总额为（　　）。

A. 170000元　　B. 130000元

C. 150000元　　D. 120000元

15. 下列引起资产和负债同时增加的经济业务是（　　）。

A. 以银行存款偿还银行借款　　B. 收回应收账款存入银行

C. 购进材料一批，货款未付　　D. 以银行借款偿还应付账款

16. 某企业2017年10月末负债总额120万元，11月收回应收账款20万元，用银行存款归还借款15万元，预付购货款6万元，11月末负债总额为（　　）。

A. 105 万元　　B. 111 万元

C. 115 万元　　D. 121 万元

17. 企业最基本的会计等式是(　　)。

A. 资产＝负债＋所有者权益

B. 收入－费用＝利润

C. 资产＝负债＋(所有者权益＋利润)

D. 资产＝负债＋所有者权益＋(收入－费用)

18. 企业以银行存款偿还债务,表现为(　　)。

A. 一项资产增加,另一项资产减少

B. 一项负债增加,另一项负债减少

C. 一项资产增加,另一项负债增加

D. 一项资产减少,另一项负债减少

19. 2020 年财政部颁布的《企业会计准则——基本准则》中明确规定,企业应当采用的记账方法是(　　)。

A. 增减记账法　　B. 收付记账法

C. 单式记账法　　D. 借贷记账法

20. 复式记账法,是对每一笔经济业务事项都要在(　　)相互联系的账户中进行登记,系统地反映资金运动变化结果的一种记账方法。

A. 一个　　B. 两个

C. 三个　　D. 两个或两个以上

21. 针对"资产＝负债＋所有权者权益＋(收入－费用)"这一等式,下列说法错误的是(　　)。

A. 将会计六项要素有机结合起来

B. 完整地反映了企业的资金运动过程

C. 揭示了资产负债表要素和利润表要素相互之间的联系和依存关系

D. 揭示了收益质量的高低

22. 下列账户中,年末结转后一定没有余额的账户是(　　)。

A. 银行存款　　B. 长期借款

C. 本年利润　　D. 资本公积

23. 下列不符合借贷记账法的记账规则是(　　)。

A. 资产资本同时减少

B. 两项资产同时增加

C. 资产负债同时增加

D. 资产负债同时减少

24. 下列错误中能通过试算平衡查找的有(　　)。

A. 某项经济业务重复记账

B. 某项经济业务未记账

C. 应借应贷账户中借贷方向颠倒

D. 应借应贷账户中借贷金额不相等

25. 应付账款账户的期初余额为贷方 1500 元,本期贷方发生额 3000 元,借方发生额 2500 元,则该账户的期末余额为(　　)元。

A. 借方 1000　　B. 贷方 1000

C. 贷方 2000　　D. 借方 2000

26. 某企业 2009 年 3 月资产增加 400 万元,负债减少 250 万元,若不考虑其他因素,则该企业的所有者权益增加(　　)万元。

A. 150　　B. 650　　C. 400　　D. 250

二、多项选择题

1. 设置会计科目应遵循的原则有(　　)。

A. 必须符合单位内部经营管理的需要

B. 必须结合会计对象的特点

C. 做到统一性与灵活性相结合

D. 要保持相对稳定

E. 要保持周延性和互斥性

2. 期末结账后没有余额的账户是(　　)。

A. 营业收入　　B. 生产成本

C. 收益　　D. 投入资本

E. 其他业务收入

3. 账户中的各项金额包括(　　)。

A. 期初余额　　B. 本期增加额

C. 本期减少额　　D. 期末余额

E. 本期发生额

4. 下列会计科目中属于债权类科目的是(　　)。

A. 应收账款　　B. 销售费用

C. 预收账款　　D. 盈余公积

E. 预付账款

5. 在借贷记账法下，费用类账户期末结账后(　　)。

A. 一般没有余额　　B. 绝对没有余额

C. 借贷方都可能有余额　　D. 若有余额在贷方

E. 若有余额在借方

6. 下列经济业务中使资产与权益同时减少的有(　　)。

A. 以银行存款支付应付利润

B. 以银行存款支付应付账款

C. 以银行存款偿还应付账款

D. 取得短期借款并存入银行

E. 收到投资者投入货币资金并存入银行

7. 下列账户中按权责发生制要求设置的有(　　)。

A. 制造费用　　B. 管理费用

C. 应付账款　　D. 产品销售费用

E. 待摊费用

8. 总分类账和明细账的关系是(　　)。

A. 总分类账提供总括资料，明细账提供详细资料

B. 总分类账和明细分类账平行登记

C. 总分类账统驭控制所属明细账

D. 所有总分类账必须附设明细分类账

E. 明细分类账补充说明与其相关的总分类账

9. 下列总分类科目中，可以不设制明细科目的有(　　)。

A. 现金　　B. 银行存款

C. 应付账款　　D. 应收账款

E. 短期借款

10. 下列会计科目中属于流动资产的有(　　)。

A. 原材料　　B. 生产成本

C. 待摊费用　　D. 长期投资

E. 应付账款

11. 关于“资产＝负债＋所有者权益”的会计等式，下列提法正确的是(　　)。

A. 它反映了会计静态要素之间的基本数量关系

B. 它反映了会计静态要素与会计动态要素的相互关系

C. 资产和权益的对应是逐项的一一对应

D. 资产和权益的对应是综合的对应

E. 会计等式右边的排列顺序是任意的，可以颠倒

12. 下列各项是以会计恒等式为理论依据的有（　　）。

A. 复式记账　　B. 成本计算

C. 编制资产负债表　　D. 试算平衡

E. 财产清查

13. 期间费用一般包括（　　）。

A. 财务费用　　B. 管理费用

C. 制造费用　　D. 营业费用

E. 待摊费用

14. 运用借贷记账法编制会计分录时，可以编制（　　）。

A. 一借一贷的分录

B. 多借多贷的分录

C. 多借一贷的分录

D. 一借多贷的分录

15. 下列各项表述中，符合总分类账和明细分类账平行登记要求的有（　　）。

A. 所依据的会计凭证相同

B. 借贷方向相同

C. 所属会计期间相同

D. 记入总分类账户的金额与记入明细分类账户的合计金额相等

16. 下列属于借贷记账法试算平衡的内容有（　　）。

A. 全部资产借方余额之和＝全部资产贷方余额之和

B. 所有账户借方本期发生额合计＝所有账户贷方本期发生额合计

C. 所有账户借方期末余额合计＝所有账户贷方期末余额合计

D. 所有账户借方期初余额合计＝所有账户贷方期初余额合计

三、判断题

1. 账户是会计科目的名称。（　　）

2. 账户的借方反映资产和负债及所有者权益的增加，贷方反映资产和负债

及所有者权益的减少。(　　)

3. 在所有的账户中,左边均登记增加额,右边均登记减少额。(　　)

4. 凡是余额在借方的都是资产类账户。(　　)

5. 负债类账户的结构与资产类账户的结构正好相反。(　　)

6. 一般说来,各类账户的期末余额与记录增加额的一方属同一方向。(　　)

7. 费用类账户一般没有余额,如有应在借方。(　　)

8. 没有明细分类账户的总分类账户是统驭账户。(　　)

9. 在会计核算中,会计科目往往也就是指账户,因为会计科目是根据账户设置的。(　　)

10. 为了保证会计核算指标在同一部门,乃至全国范围内进行综合汇总,所有会计科目及其核算内容都应由国家统一规定。(　　)

11. 如果试算平衡表借贷平衡,则可以肯定记账无错误。(　　)

12. 一笔会计分录主要包括三个要素,即会计科目、记账符号和金额。(　　)

13. 以现金发放职工工资,会引起企业的现金减少和支付给职工的工资债务增加。(　　)

14. 复式记账法要以资产与权益的平衡关系作为记账基础,对于每笔交易或事项,都要在两个或两个以上的账户中进行登记。(　　)

四、计算分析题

1. 用直线连接,说明下列项目应归属于哪个会计要素。

项目	**会计要素**
投资净收益	资产
长期投资	负债
期间费用	所有者权益
营业收入	收入
未分配利润	费用
预付账款	利润
预收账款	

2. 创新公司 2020 年 7 月 31 日余额如下：

银行存款	56000 元	应付账款	40000 元
原材料	20000 元	实收资本	121000 元
固定资产	85000 元		

该公司 4 月发生下列经济业务：

(1)投资者追加投资 30000 元,存入银行。

(2)用银行存款偿还应付账款 23000 元。

(3)购买原材料 1200 元,用存款支付。

(4)购买设备 50000 元,用存款支付 30000 元,余款尚欠。

(5)收到投资者投入机器一台 56000 元、原材料一批 25000 元。

(6)购进原材料 5000 元,款未付。

要求:①根据期初余额开设丁字账户。

②根据 4 月发生的经济业务登记丁字账户。

③结出丁字账户的发生额和余额。

3. 三星公司 2020 年 7 月发生下列经济业务以前的资产总额为 956000 元。该公司 2020 年 7 月发生的经济业务如下：

(1)从银行提取现金 2000 元作为备用金。

(2)收到投资者投入资本 210000 元,存入银行。

(3)以银行存款 32500 元支付前欠大众工厂的购料款。

(4)从银行取得借款 23000 元,归还前欠东方工厂的购料款。

(5)以银行存款上缴所欠税金 8500 元。

(6)向 MN 公司购买材料 14000 元,货款尚未支付。

(7)采购员李平出差,预支差旅费 3000 元,以银行存款支付。

(8)生产领用材料 12000 元。

(9)向银行借入资金 150000 元,存入银行。

(10)收回 A 企业前欠的销货款 35000 元,存入银行。

要求:①分析每笔经济业务所引起的资产和权益有关项目增减变动情况,并指出其属于何种类型的经济业务。

②计算资产和权益增减净额,验证两者是否相等。

③计算三星公司 2020 年 7 月发生上述经济业务以后的资产和权益总额,验证两者是否相等。

项目四　复式记账

一、单项选择题

1. 复式记账法对于每项经济业务都以相等的金额在(　　)中进行登记。

A. 一个账户　　B. 两个账户

C. 全部账户　　D. 两个或两个以上的账户

2. 符合资产类账户记账规则的是(　　)。

A. 增加记借方　　B. 增加记贷方

C. 减少记借方　　D. 期末无余额

3. 应收账款账户期初借方余额为 260000 元,本期借方发生额为 150000 元,本期贷方发生额为 120000 元,该账户期末余额为(　　)元。

A. 285000　　B. 290000

C. 298600　　D. 299000

4. 应付账款账户的期末余额等于(　　)。

A. 期初余额＋本期借方发生额－本期贷方发生额

B. 期初余额－本期借方发生额－本期贷方发生额

C. 期初余额－本期借方发生额＋本期贷方发生额

D. 期初余额＋本期借方发生额＋本期贷方发生额

5. 在借贷记账法下,成本类账户的贷方登记(　　)。

A. 增加数或结转数　　B. 增加数

C. 减少数或结转数　　D. 结转数

6. 应在账户借方核算的是(　　)。

A. 负债的增加额　　B. 所有者权益的增加额

C. 收入的增加额　　D. 资产的增加额

7. 总分类账与明细分类账平行登记四要点中的“依据相同”是指(　　)。

A. 总分类账要根据明细分类账进行登记

B. 明细分类账要根据总分类账进行登记

C. 根据同一会计凭证进行登记

D. 由同一人进行登记

二、多项选择题

1. 经济业务发生后，一般可以编制的会计分录是(　　)。

A. 多借多贷　　B. 一借多贷

C. 多借一贷　　D. 一借一贷

2. 平行登记法下总账与其所属明细账之间在数量上的勾稽关系是(　　)。

A. 总账账户的期初余额＝所属明细账户期初余额合计

B. 总账账户的本期借方发生额＝所属明细账户本期借方发生额合计

C. 总账账户的本期贷方发生额＝所属明细账户本期贷方发生额合计

D. 总账账户的期末余额＝所属明细账户期末余额合计

3. 一个完整的会计分录应包括(　　)。

A. 账户名称　　B. 记账符号

C. 记账方向　　D. 记账的金额

4. 复式记账法的优点包括(　　)。

A. 进行试算平衡

B. 了解经济业务的来龙去脉

C. 简化账簿登记工作

D. 检查账户记录的正确性

5. 用公式表示试算平衡关系，正确的是(　　)。

A. 全部账户本期借方发生额合计＝全部账户本期贷方发生额合计

B. 全部账户的借方期初余额合计＝全部账户的贷方期初余额合计

C. 负债类账户借方发生额合计＝负债类账户贷方发生额合计

D. 全部账户的借方期末余额合计＝全部账户的贷方期末余额合计

6. 在借贷记账法的试算平衡中，平衡公式包括(　　)。

A. 借方科目金额＝贷方科目金额

B. 借方期末余额＝借方期初余额＋本期借方发生额－本期贷方发生额

C. 全部账户借方发生额合计＝全部账户贷方发生额合计

D. 全部账户的借方余额合计＝全部账户的贷方余额合计

7. 在下列项目中，属于损益类账户的是(　　)。

A. 主营业务收入　　B. 所得税费用

C. 应交税费　　D. 本年利润

8. 下列账户中,期末结转后无余额的账户有(　　)。

A. 实收资本　　B. 主营业务成本

C. 库存商品　　D. 销售费用

9. 在借贷记账法下,可以在账户贷方登记的是(　　)。

A. 资产的减少　　B. 负债的增加

C. 收入的增加　　D. 费用的增加

三、判断题

1. 编制试算平衡表时,也应包括只有期初余额而没有本期发生额的账户。(　　)

2. 根据发生额试算平衡法进行试算平衡,如果试算结果是平衡的,证明记入各账户的发生额是完全正确的。(　　)

3. 资产类账户的基本结构是:借方登记资产的增加额,贷方登记资产的减少额;期末余额一般在借方,表示资产的实际金额。(　　)

4. 在发生经济业务时,单式记账法只在一个账户中登记,复式记账法则在两个账户中登记。(　　)

5. 复合会计分录是由几个简单会计分录合并而成的。(　　)

6. 运用单式记账法记录经济业务,可以反映每项经济业务的来龙去脉,可以检查每笔业务是否合理、合法。(　　)

7. 记账时,将借贷方向记错,会影响借贷双方的平衡关系。(　　)

项目五　制造企业主要经济业务的核算

一、单项选择题

1. 企业摊销以前月份预付但应由本月负担的租金，体现的会计原则是（　　）。

A. 实际成本原则　　B. 收付实现制原则

C. 权责发生制原则　　D. 重要性原则

2. 企业合理预计可能发生的损失，体现的会计原则是（　　）。

A. 真实性原则　　B. 谨慎性原则

C. 可比性原则　　D. 一致性原则

3. 企业应正确计算和结转当期销售成本，体现的会计原则是（　　）。

A. 配比原则　　B. 实际成本原则

C. 可比性原则　　D. 明晰性原则

4. 企业购买固定资产发生的运输费用计入其原值内而不计入当期损益，体现的会计原则是（　　）。

A. 收付实现制原则

B. 权责发生制原则

C. 划分资本性支出与收益性支出原则

D. 谨慎性原则

5. 生产成本账户的余额表示（　　）。

A. 月末尚未完工的在产品成本

B. 本月完工产品的成本

C. 本月发生的生产成本累计数

D. 本月尚没有销售的产品成本

6. 固定资产账户的余额表示（　　）。

A. 期末固定资产净值

B. 期末固定资产原值

C. 本期购进的固定资产原值

D. 固定资产本期磨损价值

7. 下列支出中不应计入存货成本的是(　　)。

A. 买价　　B. 外地运杂费

C. 市内运费　　D. 入库前挑选整理费

8. 车间管理人员的工资应计入(　　)。

A. 生产成本　　B. 制造费用

C. 管理费用　　D. 预付账款

9. 企业预提应由本月负担的利息应借记的账户是(　　)。

A. 其他应付款　　B. 财务费用

C. 预付账款　　D. 管理费用

10. 企业支付本月的财产保险费,应借记的账户是(　　)。

A. 管理费用　　B. 预付账款

C. 财务费用　　D. 销售费用

11. 企业确认一笔坏账损失,应贷记的账户是(　　)。

A. 管理费用　　B. 应收账款

C. 坏账准备　　D. 坏账损失

12. 一工业企业提供运输劳务的收入,应作为(　　)。

A. 其他业务收入　　B. 营业外收入

C. 主营业务收入　　D. 营业收入

13. 企业应按(　　)的10%提取法定盈余公积金。

A. 利润总额　　B. 税后利润

C. 未分配利润　　D. 息税前利润

14. 下列账户属于资产类的是(　　)。

A. 其他应付款　　B. 预付账款

C. 利润分配　　D. 管理费用

15. 累计折旧账户属于(　　)。

A. 资产类　　B. 负债类

C. 费用类　　D. 所有者权益类

16. 固定资产账户的余额减去累计折旧账户的余额表示(　　)。

A. 固定资产的账面净值

B. 固定资产的可变现净值

C. 固定资产原值

D. 固定资产重置价值

17. 下列项目中不属于存货的是(　　)。

A. 库存商品　　B. 原材料

C. 厂房　　D. 在产品

18. 流动负债是指偿还期(　　)的债务。

A. 一年内

B. 一年以上

C. 一年内或长于一年的一个营业周期内

D. 一年或长于一年的一个营业周期以上

19. 企业为职工垫付一笔应由职工自己负担的医药费,应借记(　　)。

A. 应付福利费　　B. 应收账款

C. 其他应收款　　D. 营业外支出

20. 可以计入产品成本的费用是(　　)。

A. 销售费用　　B. 管理费用

C. 财务费用　　D. 制造费用

21. (　　)原则要求会计处理方法前后各期应当一致,不得随意变更。

A. 客观性原则　　B. 重要性原则

C. 可比性原则　　D. 相关性原则

22. 企业购入材料发生的运杂费等采购费用,应计入(　　)。

A. 材料采购成本　　B. 生产成本

C. 财务费用　　D. 管理费用

23. 下列各项中不应直接计入当期损益的是(　　)。

A. 管理费用　　B. 制造费用

C. 财务费用　　D. 所得税费用

24. 企业从税后利润中提取法定盈余公积时,应贷记的账户是(　　)。

A. 营业外收入　　B. 实收资本

C. 资本公积　　D. 盈余公积

25. 下列经济业务中能够引起资本公积账户借方发生变动的是(　　)。

A. 向某灾区捐赠　　B. 资本公积转增资本

C. 接受投资人分配股利　　D. 溢价发行股票

26. 企业为了维持正常生产经营所需资金而向银行等金融机构临时借入的款项称为(　　)。

A. 长期借款　　B. 短期借款

C. 长期负债　　D. 流动负债

27. 企业计提短期借款的利息支出时应借记的账户是(　　)。

A. 财务费用　　B. 管理费用

C. 应付利息　　D. 在建工程

28. 企业设置固定资产账户是用来反映固定资产的(　　)。

A. 磨损价值　　B. 累计折旧

C. 原始价值　　D. 净值

29. 企业的应付账款如果确证确实无法支付时,应贷记的账户是(　　)。

A. 资本公积　　B. 营业外支出

C. 管理费用　　D. 营业外收入

30. 某企业为增值税一般纳税人。本期外购原材料一批,材料买价 20000 元,增值税进项税额为 3400 元,材料入库前发生的挑选整理费 1000 元,则该材料的入账价值为(　　)元。

A. 20000　　B. 23400

C. 21000　　D. 24400

31. 下列账户中与制造费用账户不可能发生对应关系的账户是(　　)。

A. 原材料　　B. 长期待摊费用

C. 应付职工薪酬　　D. 库存商品

32. 导致权责发生制会计基础产生,以及预提、待摊等会计处理运用的会计基本前提或原则的是(　　)。

A. 谨慎性原则　　B. 历史成本原则

C. 会计分期假设　　D. 货币计量假设

33. 企业 8 月末负债总额 1200 万元,9 月收回欠款 150 万元,用银行存款归还借款 100 万元,用银行存款预付购货款 125 万元,则 9 月末的负债总额为(　　)。

A. 1100 万元　　B. 1050 万元

C. 1125 万元　　D. 1350 万元

34. 应由本期负担,但本期未支付的费用发生时应记入的贷方账户是(　　)。

A. 预付费用　　　　B. 待摊费用

C. 预提费用　　　　D. 已付费用

35. 下列费用中,不构成产品成本,而应直接记入当期损益的是(　　)。

A. 直接材料费　　　　B. 直接人工费

C. 期间费用　　　　D. 制造费用

36. 年末结账后,利润分配账户的贷方余额表示(　　)。

A. 本年实现的利润总额　　　　B. 本年实现的净利润数

C. 本年利润分配总额　　　　D. 年末未分配利润额

37. 某企业年初所有者权益总额 2000 万元,年内接受投资 160 万元,本年实现利润总额 500 万元,所得税率 25%,按 10%提取盈余公积,决定向投资者分配利润 100 万元,则该企业年末所有者权益总额为(　　)。

A. 2460 万元　　　　B. 2435 万元

C. 2660 万元　　　　D. 2565 万元

38. 某企业年初未分配利润为 200 万元,本年实现的净利润为 2000 万元,按 10%计提法定盈余公积,按 5%计提任意盈余公积,宣告发放的现金股利 160 万元,则企业本年末的未分配利润为(　　)。

A. 1710 万元　　　　B. 1734 万元

C. 1740 万元　　　　D. 1748 万元

39. 某企业 6 月份发生下列业务:(1)支付上个月水电费 2400 元,(2)预付下半年房租 1500 元,(3)预提本月借款利息 600 元,(4)计提本月折旧 480 元,则按权责发生制和收付实现制假设计算的本月费用分别是(　　)。

A. 4980 元和 3900 元　　　　B. 3900 元和 2580 元

C. 1080 元和 3900 元　　　　D. 3480 元和 1080 元

40. 某企业为增值税一般纳税人,2013 年应交的各种税费分别为增值税 700 万元、销售税 300 万元、城市维护建设税 70 万元、房产税 20 万元、车船税 10 万元、所得税 500 万元,上述各种税费应记入管理费用的金额为(　　)。

A. 10 万元　　　　B. 30 万元

C. 100 万元　　　　D. 370 万元

二、多项选择题

1. 构成产品生产成本的是(　　)。

A. 直接材料　　　　B. 直接人工

C. 管理费用　　D. 制造费用

2. 下列账户中属于损益类的有（　　）。

A. 本年利润　　B. 销售费用

C. 其他业务收入　　D. 营业外支出

3. 下列账户中属于备抵账户的是（　　）。

A. 坏账准备　　B. 累计折旧

C. 利润分配　　D. 所得税

4. 根据权责发生制，属于本期费用的是（　　）。

A. 应付本期职工工资　　B. 支付上期水电费

C. 预付下半年度财产保险费　　D. 计提固定资产折旧

5. 下列项目属于流动资产的是（　　）。

A. 包装物　　B. 应收账款

C. 库存商品　　D. 预付账款

6. 应收账款账户核算的内容有（　　）。

A. 赊销的收入　　B. 销售时代垫的运杂费

C. 职工临时借款　　D. 预付的货款

7. 计算固定资产折旧需考虑的因素有（　　）。

A. 固定资产原值　　B. 固定资产预计使用年限

C. 固定资产预计残值　　D. 固定资产预计清理费用

8. 所有者权益包括（　　）。

A. 实收资本　　B. 长期投资

C. 盈余公积　　D. 资本公积

9. 年终结转之后一般没有余额的是（　　）。

A. 本年利润　　B. 财务费用

C. 生产成本　　D. 库存商品

10. 企业预付下年度的广告费，应借贷的账户是（　　）。

A. 借记其他应付款　　B. 借记应付账款

C. 借记预付账款　　D. 贷记银行存款

11. 下列各项中，会影响营业利润计算的有（　　）。

A. 营业外收入　　B. 营业成本

C. 财务费用　　D. 制造费用

12. 产品生产成本的构成项目不包括（　　）。

A. 直接材料　　　　B. 直接人工

C. 管理费用　　　　D. 制造费用

13. 制造企业的主要经济业务包括(　　)。

A. 资金筹集业务　　　　B. 供应过程业务

C. 产品生产业务　　　　D. 产品销售业务

E. 财务成果业务

14. 企业购入材料的采购成本包括(　　)。

A. 材料买价　　　　B. 增值税进项税额

C. 采购费用　　　　D. 采购人员差旅费

E. 销售机构经费

15. 在营业税金及附加账户借方登记的内容有(　　)。

A. 增值税　　　　B. 消费税

C. 城市维护建设税　　　　D. 营业税

E. 所得税

16. 下列项目应在管理费用账户中核算的有(　　)。

A. 工会经费　　　　B. 董事会会费

C. 业务招待费　　　　D. 车间管理人员工资

E. 业务人员差旅费

17. 企业的资本金按其投资主体不同可以分为(　　)。

A. 货币投资　　　　B. 国家投资

C. 个人投资　　　　D. 法人投资

E. 外商投资

18. 某企业会计人员误将当月发生的增值税进项税额记入材料采购成本，其结果会使(　　)。

A. 月末资产增加　　　　B. 月末利润增加

C. 月末负债增加　　　　D. 月末财务费用增加

E. 月末应交税费增加

19. 为了具体核算企业利润分配及未分配利润情况，利润分配账户应设置相应的明细账户，下列属于利润分配明细账户的有(　　)。

A. 盈余公积补亏　　　　B. 提取资本公积金

C. 应付现金股利　　　　D. 提取法定盈余公积

E. 未分配利润

20. 按权责发生制会计基础的要求，下列应作为本期费用的有（　　）。

A. 预付明年保险费　　B. 摊销以前付款的报刊费

C. 尚未付款的本月借款利息　　D. 采购员报销差旅费

E. 支付上个季度借款利息

21. 在下列账户中，月末应该没有余额的有（　　）。

A. 生产成本账户　　B. 制造费用账户

C. 管理费用账户　　D. 应付职工薪酬账户

E. 财务费用账户

22. 与营业收入相匹配进而确定营业利润的成本、费用包括（　　）。

A. 商品销售成本　　B. 销售费用

C. 营业税金及附加　　D. 管理费用

E. 财务费用

23. 下列采购费用不计入材料采购成本，而是列作管理费用的有（　　）。

A. 采购人员差旅费　　B. 专设采购机构经费

C. 市内采购材料的零星运杂费　　D. 运输途中合理损耗

E. 外地运杂费

24. 在采购业务核算时，与原材料账户相对应的账户一般有（　　）。

A. 应付账款　　B. 应付票据

C. 银行存款　　D. 预付账款

E. 应交税费

25. 在下列业务所产生的收入中属于其他业务收入的有（　　）。

A. 出售固定资产的收入　　B. 出售材料的收入

C. 出售无形资产的收入　　D. 提供产品修理服务的收入

E. 罚款收入

26. 营业收入的实现可能引起（　　）。

A. 资产的增加　　B. 所有者权益的增加

C. 负债的减少　　D. 负债的增加

E. 资产和负债同时增加

27. 对于共同采购费用，应分配记入材料采购成本，下列内容可以用来作为分配材料采购费用标准的有（　　）。

A. 材料的买价　　B. 材料的种类

C. 材料的名称　　D. 材料的重量

E. 材料的体积

28. 产品在生产过程中发生的各项生产费用按其经济用途进行分类，构成产品生产成本的成本项目，具体包括(　　)。

A. 直接材料费　　B. 直接人工费

C. 期间费用　　D. 财务费用

E. 制造费用

29. 以下税种应在管理费用账户核算的有(　　)。

A. 城市维护建设税　　B. 房产税

C. 车船税　　D. 印花税

E. 土地使用税

30. 在企业销售商品缴纳的下列各项税费中，应计入营业税金及附加账户的有(　　)。

A. 消费税　　B. 增值税

C. 资源税　　D. 城市维护建设税

E. 教育费附加

31. 在下列账户中，年末结账后没有余额的有(　　)。

A. 主营业务收入　　B. 营业外收入

C. 本年利润　　D. 利润分配

E. 管理费用

32. 在下列各项费用中，不应计入产品生产成本的有(　　)。

A. 销售费用　　B. 管理费用

C. 财务费用　　D. 制造费用

E. 营业外支出

33. 制造企业购入的用于生产的机器设备，其入账价值包括(　　)。

A. 购买价格　　B. 运杂费

C. 增值税　　D. 进口关税

E. 安装成本

34. 企业购入固定资产，价值 8000 元，误计为管理费用账户，其结果会导致(　　)。

A. 费用多计 8000 元　　B. 资产少计 8000 元

C. 净收益多计 8000 元　　D. 净收益少计 8000 元

E. 资产多计 8000 元

35. 在下列各项内容中，不应计入管理费用的有（　　）。

A. 行政管理部门办公楼折旧费　　B. 生产设备的折旧费

C. 经营租出设备的折旧费　　D. 专设销售机构设备的折旧费

E. 生产设备的修理费

三、判断题

1. 期间费用应计入当期损益，而不应由当期产品成本负担。（　　）

2. 企业出售废旧材料的收入，属营业外收入。（　　）

3. 法定盈余公积金是根据企业利润总额的一定比例提取的。（　　）

4. 企业购买固定资产的支出属资本性支出。（　　）

5. 流动资产是指一年内或长于一年的一个营业周期内变现或耗用的资产。（　　）

6. 计提固定资产折旧将使企业资产与负债同时减少。（　　）

7. 企业接受投资和接受捐赠都会使所有者权益增加。（　　）

8. 企业收到出租包装物的押金应贷记其他应收款账户。（　　）

9. 期间费用账户的借方发生额应于期末时采用一定的方法分配计入产品成本。（　　）

10. 企业用支票支付购货款时，应通过应付票据账户进行核算。（　　）

11. 企业对于确实无法支付的应付账款，应在确认时增加企业的资本公积。（　　）

12. 融资租入的固定资产在租赁期内，因为所有权不属于企业，所以，在使用过程中，不需要计提折旧。（　　）

13. 不论短期借款的用途如何，企业发生的短期借款利息支出，均应计入当期损益。（　　）

14. 增值税是企业销售收入的一个抵减项目。（　　）

15. 预提费用账户期末如有借方余额，反映企业实际支出的费用大于预提数的差额，即尚未付款的费用。（　　）

16. 企业的资本公积金和未分配利润也称留存收益。（　　）

17. 长期借款的利息支出应根据利息支出的具体情况予以资本化或计入当期损益。（　　）

18. 企业产生的利得或损失可能计入当期损益，也可能直接计入所有者权益。（　　）

四、简答题

1. 为什么要设置预付账款、其他应付款账户？

2. 说明企业净利润的计算过程。

3. 简要说明制造企业资金运动的内容，以及由此形成的主要经济业务内容。

4. 所有者权益与负债有何区别？

5. 说明企业资本公积的主要来源、用途和核算方法。

6. 原材料采购成本包括哪些内容？材料采购费用如何计入材料的采购成本？

7. 简要说明生产费用、生产成本的含义及其相互关系。

五、计算题

1. 资料:新达股份有限公司2012年年初所有者权益总额为231.8万元,年内接受某投资人的实物投资80万元,接受现金投资26万元,用资本公积转增股本12万元。

要求:计算公司2012年年末的所有者权益总额。

2. 资料：某企业本年有关收入、费用项目数额如下：

主营业务收入	1500000 元	营业外收入	80000 元
其他业务收入	40000 元	投资收益	－30000 元
主营业务成本	1200000 元	营业税金及附加	90000 元
销售费用	100000 元	其他业务成本	50000 元
营业外支出	12000 元	管理费用	25000 元
财务费用	13000 元		

要求：计算企业本年营业利润、其他业务利润、营业外收入净额、利润总额。

3. 兴达股份有限公司2020年年初所有者权益为264万元。本年接受投资30万元。1—11月累计实现利润总额为100万元(假设没有税前调整项目)。1—11月累计已交所得税费用21.4万元,所得税率为25%。年末按10%提取盈余公积,股东大会决定分配给投资人利润12.34万元。

要求:计算11月应交所得税费用、年末未分配利润和年末所有者权益总额。

4. 兴达股份有限公司生产 A、B 两种产品。2020 年 7 月有关 A、B 产品的资料如下：

(1)月初在产品成本计算表

月初在产品成本

在产品名称	数量(件)	直接材料费(元)	直接人工费(元)	制造费用(元)	合计(元)
A	200	48000	12000	6500	66500
B	60	32000	8000	3300	43300
合计	260	80000	20000	9800	109800

(2)本月发生的生产费用

A 产品的直接材料费 165000 元,直接人工费 58400 元;B 产品的直接材料费 126000 元,直接人工费 356000 元;本月共发生制造费用 70500 元。

(3)月末 A 产品完工 500 件,B 产品完工 300 件。

(4)月末 A 产品未完工 40 件,其总成本具体构成为:直接材料 6500 元,直接人工费 4200 元,制造费用 3000 元,合计 13700 元。B 产品没有月末在产品。

要求:按直接人工费标准分配制造费用,并计算完工产品总成本和单位成本。

5. 目的:练习账户之间对应关系的确定。

资料:信达公司期初库存材料成本为 278500 元,本期仓库共发出材料成本 132000 元,期末结存材料成本 206500 元,应付账款(材料款)账户期初余额为 218000 元,期末贷方余额为 243000 元,本期没有发生偿还应付款业务,本期购入材料均已入库。

要求:计算本期购入材料中已经付款的材料有多少。

六、编制会计分录

1. 目的：练习有关资金筹集业务的核算。

资料：兴达公司 2020 年 11 月发生下列经济业务：

(1)接受光华公司投资 50000 元，存入银行。

(2)收到海康公司投资，其中机器设备 70000 元，交付使用；材料价值 15000 元，材料验收入库。

(3)从银行取得期限为 6 个月的借款 500000 元，存入银行。

(4)上述借款利息年利率为 6%，计提本月借款利息。

(5)收到某外商投资人投入一台机器设备，价值 100000 元，设备已交付使用。

(6)经董事会大会决议将资本公积 300000 元转增股本。

(7)用银行存款 100000 元偿还到期的银行借款。

要求：根据以上经济业务编制会计分录。

2. 目的:练习固定资产购入业务的核算。

资料:兴达公司本月发生下列固定资产购入业务:

(1)企业购入生产用的不需安装的设备一台,买入价为75000元,增值税率为17%,运杂费1250元,保险费250元,全部货款已用银行存款支付。

(2)企业购入一台生产用需要安装的固定资产,价值120000元,增值税率为17%,运杂费2000元,款项已用银行存款支付。

(3)企业对上述需要安装的设备进行安装,耗用原材料1300元,用银行存款支付安装公司的安装费2000元。

(4)上述设备安装完毕,经验收合格交付使用。结转工程成本。

(5)企业用建行借款进行产品仓库建造。耗用原材料175000元,分配人工费40000元,分配制造费用35000元。

(6)企业接到银行通知,借入的长期借款利息为60000元,用银行存款支付。(注:借款利息资本化)

(7)成品仓库建造完毕,经验收合格交付使用,结转建造成本。

要求:根据上述经济业务编制会计分录。

3. 目的:练习材料物资采购业务的核算。

资料:兴达公司11月发生下列材料物资采购业务:

(1)公司购入甲材料3500千克,单价8元,增值税进项税额4760元,款项未付。

(2)用银行存款2000元支付甲材料的运杂费。

(3)购入乙材料120吨,单价420元,增值税进项税额8568元,开出转账支票付讫。

(4)公司购进甲材料1800千克,含税单价9.36元,丙材料1500千克,含税单价5.85元,增值税率为17%,款项均已通过银行存款付清,另外供应单位代垫运杂费3300元(按材料重量分配)。

(5)用银行存款10000元预付订购丁材料的采购款。

(6)已经预付款的丁材料已经到货,价款72000元,增值税进项税额12240元。不足货款开出支票补付。

(7)从大华公司购进甲材料4800千克,每千克8元,发生运杂费2000元,增值税率为17%,款项采用商业汇票结算,企业开出并承兑半年期商业承兑汇票一张,材料在途。

(8)本月购入的甲、乙、丙、丁材料均已验收入库,结转材料的采购成本。

要求:根据上述资料编制会计分录。

4. 目的:练习产品生产业务的核算。

资料:兴达公司2020年11月发生下列产品生产业务:

(1)开出现金支票58000元,提取现金直接发放工资。

(2)①用银行存款3000元支付第二季度车间房租,并相应摊销应由本月负担的部分。②仓库发出材料的用途如下:生产产品消耗12000元,生产车间一般消耗4200元,厂部耗用1500元。

(3)开出现金支票购买厂部办公用品750元。

(4)摊销应由本月负担的保险费400元。(注:原计入待摊费用)

(5)用现金支付车间办公费500元。

(6)计提本月固定资产折旧费,其中车间折旧费1100元,厂部折旧费500元。

(7)月末分配工资费用,其中生产工人工资34000元,车间管理人员工资16000元,厂部管理人员工资8000元。

(8)用银行存款10000元支付本月车间水电费。

(9)结转本月发生的制造费用。

(10)本月生产的产品40台全部完工,验收入库,结转成本(假设没有期初、期末在产品)。

要求:编制会计分录。

5. 目的：练习产品销售业务的核算。

资料：兴达公司2020年11月发生下列经济业务：

(1)销售A产品18台，单价2000元，增值税率为17%，价税货款尚未收到。

(2)销售B产品总价126000元，增值税销项税额21420元，货款收到存入银行。

(3)用银行存款支付广告费1500元。

(4)预收高科公司订货款20000元存入银行。

(5)企业销售A产品价款478000元，增值税销项税额81260元，款项收到一张已承兑的商业汇票。

(6)结转本月已销产品成本350000元。

(7)经计算本月销售产品的城市维护建设税为1600元。

(8)销售材料一批价值4000千克，单位售价2.50元，货款10000元，增值税销项税额1700元，款已收到并存入银行。

(9)结转已销材料的成本8000元。

要求：根据以上经济业务编制会计分录。

6. 目的：练习有关利润形成业务的核算。

资料：兴达公司2020年11月发生下列有关利润形成与分配的业务：

(1)开出转账支票支付厂部办公用品费4500元。

(2)将无法偿还的应付款18000元予以转账。

(3)用银行存款6000元支付罚款支出。

(4)报销职工差旅费200元，以现金支付。

(5)预提应由本月负担的银行借款利息450元。

(6)收到罚款收入20000元存入银行。

(7)结转本月实现的各项收入，其中，产品销售收入148000元，营业外收入32000元。

(8)结转本月发生的各项费用。其中，产品销售成本40000元，产品销售费用1500元，产品销售税金2000元，管理费用33600元，财务费用450元，营业外支出22450元。

(9)根据(7)(8)两项业务确定的利润总额，按25%的税率计算所得税并予以转账。

(10)按税后利润的10%计提盈余公积金。

(11)将税后利润的40%分配给投资人。

(12)年末结转本年净利润60000元。

要求：根据上述经济业务编制会计分录。

七、制造企业综合经济业务的核算

1. 根据下列经济业务编制会计分录：

(1)企业收到某公司投入的货币资金 600000 元，存入银行。

(2)企业从银行取得为期 2 年的借款 500000 元，所得借款存入银行。

(3)从 A 公司购入甲材料 200 千克，每千克单价 50 元；乙材料 300 千克，每千克单价 100 元。甲、乙材料运杂费共 4000 元，增值税率为 17%，货款尚未支付，材料尚未验收入库。(运杂费按材料重量比例分配)

(4)上述材料运达企业，验收入库。

(5)从仓库发出甲材料一批，共计 70500 元，其中，1 号产品生产耗用 68000 元，车间一般耗用 1700 元，行政管理部门耗用 800 元。

(6)收到大华公司前欠货款 23400 元，款项存入银行。

(7)本月共发生职工薪酬 42000 元，其中，生产工人工资 30000 元，车间管理人员工资 5200 元，行政人员工资 6800 元。

(8)结转本月完工验收入库产成品的实际成本，其中，1 号产品 500 件，每件单位成本 80 元，2 号产品 300 件，每件单位成本 150 元。

(9)企业向东华公司销售 1 号产品 1000 件，每件售价 200 元，增值税率为 17%，货款尚未收到。

(10)用银行存款购买办公用品 2000 元。

(11)支付本月的短期借款利息 1000 元。

(12)用现金支付广告费 2200 元。

(13)职工刘洋报销差旅费 800 元，原预借 1000 元，余款以现金退回。

(14)结转本月收入及费用至本年利润账户。其中，主营业务收入 86000 元，主营业务成本 60000 元，营业税金及附加 1000 元，管理费用 4000 元，销售费用 6200 元，财务费用 1600 元，营业外收入 4000 元，营业外支出 2000 元，其他业务收入 10000 元，其他业务成本 6000 元，投资收益 3500 元。

2. 根据下列经济业务编制会计分录：

(1)收到投资人投入不需要安装的设备一台，原值100万元，已提折旧20万元，双方协议价80万元。

(2)向银行借入短期借款10万元。

(3)购买材料货款5万元，以转账支票付讫。

(4)预收一笔货款10万元，存入银行。

(5)转账支付违反合同的赔偿款2000元。

(6)生产领用材料25600元。

(7)分配本月工资，其中生产工人工资30000元，车间管理人员工资7000元，企业管理人员工资12000元，销售部门人员工资5000元。

(8)车间技术员小王出差回来报销差旅费1000元，出差前曾借款800元。

(9)职工小张报销医药费350元，以现金支付。

(10)转账支付广告费12000元。

(11)计提固定资产折旧，其中车间20000元，管理部门18000元。

(12)摊销应由本月负担的车间固定资产修理费1000元。

(13)预提应由本月负担的银行短期借款利息100元。

(14)转账支付下年度全年书报订阅费1200元。

(15)转账支付本月水电费2000元，其中车间1200元。

(16)偿还到期长期借款500000元。

(17)将制造费用结转至生产成本。

(18)完工产品入库，结转其实际成本45000元。

(19)出售产品一批，货款10万元，收到客户商业汇票一张。

(20)收到购货单位前欠货款5万元，存入银行。

(21)销售产品一批，货款18万元，以现金代垫运费200元，款均未收到。

(22)结转销售产品的成本12万元。

(23)计算营业税金及附加1.8万元。

(24)出售库存积压的材料，得款9000元存入银行，其成本为8600元。

(25)因债权人原因无法偿付的一笔应付的3000元款项，经批准转销。

(26)没收出借包装物押金2000元。

(27)计算应交所得税6000元。

(28)结转损益类账户。(当没有告诉金额时,数字从前面题目中去找)

(29)提取法定盈余公积金。(当没有告诉金额时,数字从前面题目中去找)

3. 根据下列经济业务编制会计分录：

(1)企业收到某公司投入的固定资产，价值 600000 元。

(2)企业从银行取得为期 6 个月的借款 200000 元，所得借款存入银行。

(3)从 A 公司购入甲材料 300 千克，每千克单价 150 元；乙材料 700 千克，每千克单价 100 元。甲、乙材料运杂费共 4000 元，增值税率为 17%，货款尚未支付，材料尚未验收入库(运杂费按材料重量比例分配)。

(4)上述材料运达企业，验收入库。

(5)生产 A 产品领用甲材料 3000 元，乙材料 11000 元；生产 B 产品领用甲材料 5000 元，乙材料 4000 元；车间一般耗用甲材料 1100 元，管理部门耗用乙材料 1200 元。

(6)办公室刘洋预借差旅费 7000 元，以现金支付。

(7)本月工资费用，其中，A 产品的工人工资 47000 元，B 产品的工人工资 12000 元，车间管理人员工资 8900 元，行政人员工资 10200 元。

(8)本月 A 产品完工 2100 件，每件单位成本 120 元；B 产品完工 5200 件，每件单位成本 200 元，结转完工产品成本。

(9)销售 A 产品 6400 件，每件售价 200 元，B 产品 5100 件，每件售价 260 元，增值税率为 17%，货款尚未收到。

(10)用银行存款购买办公用品 3000 元。

(11)计提本月负担的短期借款利息 61000 元。

(12)用银行存款支付销售产品的包装费、装卸费等费用 21200 元。

(13)收到客户的违约赔偿金 53000 元，存入银行。

(14)①结转本月收入及费用至本年利润账户。其中，主营业务收入 186000 元，主营业务成本 160000 元，营业税金及附加 11000 元，管理费用 14000 元，销售费用 16200 元，财务费用 11600 元，营业外收入 14000 元，营业外支出 12000 元，其他业务收入 110000 元，其他业务成本 16000 元，投资收益 13500 元。②按上述本月利润总额 25%计提所得税。

(15)本年共实现净利润 1426000 元，从本年利润账户结转至利润分配账户。

(16)按照上述本年实现净利润10%计提法定盈余公积、5%计提任意盈余公积、20%向投资者分配利润。

4. 根据下列经济业务编制会计分录：

(1)从银行取得借款100000元，期限9个月，所得借款存入银行。

(2)根据当月原材料领用汇总表，其中，生产甲产品耗用50000元，生产乙产品耗用70000元，生产车间一般耗用7000元，行政管理部门耗用1000元。

(3)根据当月工资结算单，其中，生产甲产品工人工资30000元，生产乙产品工人工资10000元，生产车间管理人员工资1000元，行政管理部门人员工资1000元。

(4)计提本月生产车间设备折旧10000元，行政楼折旧1000元。

(5)对(2)(3)(4)中的制造费用按生产工人的工资比例(详见题3)分配到甲、乙产品的生产成本中。

(6)假定生产车间本月期初无在产品，本月生产的甲、乙产品各100件全部完工(即无期末余额)，并已验收入库，编制相关生产成本结转分录。

(7)销售甲产品700件，每件售价1050元，增值税率为17%，并收到对方开出的转账支票。

(8)结转(7)中销售的甲产品的成本[单位成本由(6)中计算可得]。

(9)以银行存款支付本月广告费3000元。

(10)计提本月应承担的借款利息1000元。

(11)结转主营业务收入至本年利润账户。

(12)结转主营业务成本、管理费用、销售费用、财务费用至本年利润账户。

(13)根据(11)(12)的结果，按25%的税率计算应交的所得税费用。

5. 根据下列经济业务编制会计分录：

(1)收到某公司投入货币资金 3000000 元,存入银行。

(2)从银行取得借款 200000 元,期限 3 个月,所得借款存入银行。

(3)采购材料一批,价值 20000 元,增值税率为 17%,货款采用商业汇票结算,材料尚未验收入库。

(4)根据当月领料凭证,其中,生产甲产品耗用材料 30000 千克,生产乙产品耗用材料 10000 千克,车间一般耗用材料 5000 千克,材料单价为 2 元/千克。

(5)结算本月应付职工工资,其中,甲产品工人工资 5000 元,乙产品工人工资 2000 元,车间管理人员工资 1000 元。

(6)按规定计提生产车间设备折旧费 3000 元。

(7)将(4)(5)(6)中归集的制造费用按生产工人的工资分配到甲产品和乙产品的成本中。

(8)本月无期初在产品,本月投产的甲产品和乙产品全部完工,并已验收入库,编制结转分录。

(9)行政管理部门用现金购买办公用品一批,价值 800 元。

(10)企业以银行存款支付销售产品的广告费 300 元、装卸费 200 元。

(11)销售产品 750 件,单价 180 元,增值税率为 17%,货款尚未收到。

(12)收回某公司偿还的前欠货款 5000 元,存入银行。

(13)销售积压材料一批,价值 20000 元,增值税率为 17%,收到的款项存入银行。

项目六　账户分类

一、应掌握的名词

资产类账户

成本类账户

损益类账户

账户的用途

账户的结构

负债类账户

所有者权益类账户

结算账户

资本账户

调整账户

集合分配账户

成本计算账户

集合配比账户

财务成果计算账户

二、填空题

1. 账户按其反映的经济内容可以分为以下五类：________账户、________账户、________账户、________账户和________账户。

2. 按照资产的流动性和经营管理上的需要，资产类账户可以分为反映________的账户和反映________的账户两类。

3. 按照负债的偿还期限长短等特性，负债类账户可以分为反映________的账户和反映________的账户两类。

4. 按照所有者权益的构成特性，所有者权益类账户可以分为反映________的账户和反映________的账户两类。

5. 按照成本所发生的阶段及经济内容，成本类账户可以分为反映________的账户和反映________的账户两类。

6. 按照企业损益形成的内容，损益类账户可以分为反映________的账户和反映________的账户两类。

7. 企业的常用账户，按其用途和结构，可以分为________账户、________账户、________账户、________账户、________账户等五类。

8. 盘存账户结构上的特点是：________方登记各种货币资金和财产物资的增加数，________方登记各种财产物资的减少数；余额在________方，表示各种货币资金和财产物资的实有数。

9. 按照结算性质的不同，结算账户又可分为________账户、________账户、________账户三类。

10. 资本账户在结构上的特点是：________方登记各项资本金的增加数，________方登记各项资本金的减少数；余额在________方，表示各项资本金的实有数额。

11. 调整账户按调整方式的不同，又可分为________账户、________账户、________账户三类。

12. 当备抵附加调整账户的余额方向与被调整账户的余额方向不一致时，它起着________账户的作用；当其余额方向与被调整账户的余额方向一致时，它就起着________账户的作用。

13. 集合分配账户在结构上的特点是：________方登记费用的发生数，________方登记费用的分配数，在一般情况下没有期末余额。

14. 成本计算账户在结构上的特点是：________方登记生产经营过程中某

一阶段所发生的应计入成本的全部费用(包括不需要分配而直接计入的直接费用和期末通过集合分配账户分配转来的间接费用)，________方登记转出已完成某个生产经营阶段的成本计算对象的实际成本；余额在________方，表示尚未完成某个生产经营阶段的成本计算对象的实际成本。

15. 集合配比账户在结构上的特点是：________方登记本期发生的引起利润减少的各项费用发生数或引起利润增加的收入转出数，________方登记本期发生的引起利润增加的各项收入发生数或引起利润减少的费用转出数，期末一般无余额。

16. 财务成果计算账户是用来核算企业在一定时期内财务成果的形成，计算最终成果的账户，________是财务成果计算的典型账户。

三、判断题

1. 账户按用途和结构的分类是对账户按经济内容分类的必要补充。(　　)

2. 累计折旧账户按经济内容分类，应属于资产类。(　　)

3. 生产成本账户期末如有借方余额也可以看作是盘存账户。(　　)

4. 集合分配账户在一般情况下没有期末余额。(　　)

5. 集合配比账户在一般情况下没有期末余额。(　　)

6. 所有盘存类账户都是资产类账户。(　　)

7. 备抵调整账户与被调整账户的关系，可用下列计算公式表示：备抵调整账户余额－被调整账户余额＝被调整账户的实际余额。(　　)

8. 备抵附加调整账户是根据其余额方向，来判别是对被调整账户进行备抵，还是进行附加的。(　　)

四、单项选择题

1. 除库存现金和银行存款账户之外，其他盘存账户的明细分类账户应能提供(　　)。

A. 实物指标　　B. 金额指标

C. 实物和工时指标　　D. 实物和金额指标

2. 盘存账户月终如果有余额，应在账户的(　　)。

A. 借方　　B. 贷方

C. 借方或贷方　　D. 无余额

3. 预付款不多的企业,也可以将预付账款直接记入应付账款账户的借方,这样应付账款账户就成了一个(　　)。

A. 债权结算账户　　B. 债务结算账户

C. 债权债务结算账户　　D. 盘存账户

4. 账户按用途和结构分类,属于资本账户的是(　　)。

A. 银行存款　　B. 长期股权投资

C. 盈余公积　　D. 应收账款

5. 下列账户中,不属于调整账户的是(　　)。

A. 累计折旧　　B. 材料成本差异

C. 坏账准备　　D. 待处理财产损溢

6. 下列账户中属于集合分配账户的是(　　)。

A. 利润分配　　B. 制造费用

C. 管理费用　　D. 材料采购

7. 本年利润属于(　　)账户。

A. 资本　　B. 集合分配

C. 集合配比　　D. 财务成果计算

8. 下列不属于按用途和结构分类的账户类别是(　　)。

A. 所有者权益账户　　B. 资本账户

C. 财务成果计算账户　　D. 调整账户

9. 下列属于按经济内容分类的账户类别是(　　)。

A. 集合配比账户　　B. 集合分配账户

C. 成本账户　　D. 成本计算账户

10. 若固定资产账户余额为 500000 元(借方),累计折旧账户余额为 100000 元(贷方),则固定资产净值为(　　)元。

A. 500000　　B. 100000

C. 600000　　D. 400000

五、多项选择题

1. 下列账户中属于资产类账户的有(　　)。

A. 应收账款账户　　B. 累计折旧账户

C. 实收资本账户　　D. 资本公积账户

2. 下列账户中属于盘存账户的有(　　)。

A. 库存现金账户　　B. 银行存款账户

C. 原材料账户　　D. 库存商品账户

3. 预付账款属于(　　)。

A. 资产类账户　　B. 负债类账户

C. 盘存账户　　D. 结算账户

4. 债权债务结算账户借方登记(　　)。

A. 债权的增加数　　B. 债权的减少数

C. 债务的增加数　　D. 债务的减少数

5. 累计折旧应属于(　　)。

A. 资产类账户　　B. 负债类账户

C. 损益类账户　　D. 调整账户

6. 下列账户中属于成本计算账户的有(　　)。

A. 材料采购　　B. 制造费用

C. 生产成本　　D. 主营业务成本

7. 被调整账户的实际数额,等于被调整账户的余额与(　　)。

A. 附加账户余额之和　　B. 附加账户余额之差

C. 备抵账户余额之和　　D. 备抵账户余额之差

8. 下列账户中属于损益类账户的有(　　)账户。

A. 管理费用　　B. 制造费用

C. 财务费用　　D. 销售费用

六、思考题

1. 账户按其反映的经济内容可以分为哪几类?

2. 何谓账户的用途？何谓账户的结构？

3. 账户按其用途和结构可以分为哪几类？

4. 什么是盘存账户？它有什么特点？

5. 结算账户又可分为哪三类？这三类结算账户在结构上有何异同？

6. 什么是调整账户？其可以分为哪几类？它们与被调整账户的关系是怎样的？

七、实务练习题

目的:练习账户按经济内容和用途结构的分类。

资料:有关账户名称,即库存现金、银行存款、应收票据、应收账款、其他应收款、预付账款、材料采购、原材料、库存商品、固定资产、累计折旧、短期借款、应付账款、预收账款、应付职工薪酬、应交税费、实收资本、盈余公积、制造费用、生产成本、主营业务收入、其他业务收入、营业外收入、主营业务成本、营销售费用、管理费用、财务费用、所得税费用、本年利润。

要求:将上述账户名称填入下表相应的栏目内。

	资产类账户	负债类账户	所有者权益类账户	成本类账户	损益类账户
盘存账户					
结算账户					
资本账户					
调整账户					
集合分配账户					
成本计算账户					
集合配比账户					
财务成果计算账户					

项目七　会计凭证

一、单项选择题

1. 仓库保管人员填制的收料单，属于企业的（　　）。

A. 外来原始凭证　　B. 自制原始凭证

C. 汇总原始凭证　　D. 累计原始凭证

2.（　　）是记录经济业务发生或完成情况的书面证明，也是登记账簿的依据。

A. 科目汇总表　　B. 会计凭证

C. 原始凭证　　D. 记账凭证

3. 会计凭证按其（　　）的不同分为原始凭证和记账凭证。

A. 编制的程序和用途　　B. 填制的手续

C. 来源　　D. 记账凭证

4. 下列各项中，不能作为原始凭证的是（　　）。

A. 发票　　B. 领料单

C. 工资结算汇总表　　D. 银行存款余额调节表

5. 在填制会计凭证时，1518.53 的大写金额数字是（　　）。

A. 壹仟伍佰拾捌元伍角叁分整　　B. 壹仟伍佰壹拾捌元伍角叁分整

C. 壹仟伍佰拾捌元伍角叁分　　D. 壹仟伍佰壹拾捌元伍角叁分

6. 原始凭证金额有错误的，应当（　　）。

A. 在原始凭证上更正

B. 由出具单位更正并且加盖公章

C. 由经办人更正

D. 由出具单位重开，不得在原始凭证上更正

7. 出纳人员在办理收款或付款后，应在（　　）上加盖“收讫”或“付讫”的戳记，以避免重收重付。

A. 记账凭证　　B. 原始凭证

C. 收款凭证　　D. 付款凭证

8. 下列业务中，应该填制现金收款凭证的是(　　)。

A. 出售产品一批，款未收

B. 从银行提取现金

C. 出售产品一批，收到一张转账支票

D. 出售多余材料，收到现金

9. 某会计人员在审核记账凭证时，发现误将1000元写成10元，尚未入账，一般应采用(　　)改正。

A. 重新编制记账凭证　　B. 红字更正法

C. 补充登记法　　D. 冲账法

10. 记账凭证的填制是(　　)完成的。

A. 出纳人员　　B. 会计人员

C. 经办人员　　D. 主管人员

11. 盘存表是一张反映企业财产物资实有数的(　　)。

A. 外来原始凭证　　B. 自制原始凭证

C. 记账凭证　　D. 汇总原始凭证

12. 会计凭证的传递，是指(　　)，在单位内部有关部门及人员之间的传递程序。

A. 会计凭证的填制到登记账簿止

B. 会计凭证的填制或取得时直到归档保管过程中

C. 会计凭证审核后到归档止

D. 会计凭证的填制或取得到汇总登记账簿止

13. 一项经济业务所涉及的每个会计科目单独填制一张记账凭证，每一张记账凭证中只登记一个会计科目，这种凭证叫作(　　)。

A. 单式记账凭证　　B. 专用记账凭证

C. 通用记账凭证　　D. 一次凭证

14. 企业出售产品一批，售价5000元，收到一张转账支票送存银行。这笔业务应编制的记账凭证为(　　)。

A. 收款凭证　　B. 付款凭证

C. 转账凭证　　D. 以上均可

15. 在一定时期内连续记录若干项同类经济业务的会计凭证是(　　)。

A. 原始凭证　　B. 累计凭证

C. 记账凭证　　D. 一次凭证

16. 已经登记入账的记账凭证，在当年内发现有误，可以用红字填写一张与原内容相同的记账凭证，在摘要栏注明（　　），以冲销原错误的记账凭证。

A. 注销某月某日某号凭证　　B. 订正某月某日某号凭证

C. 经济业务的内容　　D. 对方单位

17. 根据同一原始凭证编制几张记账凭证的，应（　　）。

A. 在编制原始凭证的记账凭证上注明其原始凭证在哪张记账凭证中

B. 采用分数编号的方法

C. 不必做任何说明

D. 将原始凭证附在主要的记账凭证后面，并在未附原始凭证的记账凭证上注明其原始凭证在哪张记账凭证中

18. 审核原始凭证所记录的经济业务是否符合企业生产经营活动的需要、是否符合有关的计划和预算，属于（　　）审核。

A. 合理性　　B. 合法性

C. 真实性　　D. 完整性

19. 差旅费报销单按填制的手续及内容分类，属于原始凭证中的（　　）。

A. 一次凭证　　B. 累计凭证

C. 汇总凭证　　D. 专用凭证

20. 会计机构和会计人员对真实、合法、合理但内容不准确、不完整的原始凭证，应当（　　）。

A. 不予受理　　B. 予以受理

C. 予以纠正　　D. 予以退回，要求更正、补充

21. 会计机构和会计人员对不真实、不合法的原始凭证和违法收支，应当（　　）。

A. 不予接受　　B. 予以退回

C. 予以纠正　　D. 不予接受，并向单位负责人报告

22. 只反映一项经济业务，或同时反映若干项同类经济业务，凭证填制手续是一次完成的自制原始凭证，称为（　　）。

A. 累计凭证　　B. 一次凭证

C. 汇总凭证　　D. 单式记账凭证

23. 填制记账凭证应根据审核无误的（　　）。

A. 收款凭证　　B. 付款凭证

C. 转账凭证　　D. 原始凭证

24. 接收外单位投资的汽车一辆，应填制（　　）。

A. 收款凭证　　B. 付款凭证

C. 转账凭证　　D. 汇总凭证

25. 4月15日，行政管理人员王明将标明日期为3月26日的发票拿来报销，经审核后会计人员依据该发票编制记账凭证，记账凭证的日期应为（　　）。

A. 3月26日　　B. 3月31日

C. 4月15日　　D. 4月1日

26. 根据企业材料仓库保管员填制的发料单或发料凭证汇总表，通常应编制（　　）。

A. 付款凭证　　B. 原始凭证

C. 转账凭证　　D. 收款凭证

27. 会计核算工作的基础环节是（　　）。

A. 合法地取得、正确地填制和审核会计凭证

B. 登记会计账簿

C. 进行财产清查

D. 编制财务报表

28. 下列记账凭证中，可以不附原始凭证的是（　　）。

A. 所有收款凭证　　B. 所有付款凭证

C. 所有转账凭证　　D. 用于结账的记账凭证

29. 下列不属于原始凭证的是（　　）。

A. 银行对账单　　B. 一次凭证

C. 累计凭证　　D. 运费结算凭证

30. 限额领料单属于（　　）。

A. 通用凭证　　B. 一次凭证

C. 累计凭证　　D. 汇总凭证

31. 付款凭证科目借贷对应方式正确的是（　　）。

A. 多借多贷　　B. 一贷或多贷一借

C. 一借或多借一贷　　D. 以上全正确

32. 华达公司于2020年10月12日开出一张现金支票，出票日期正确的填写方法是（　　）。

A. 贰零贰零年壹拾月拾贰日　　B. 贰零贰零年壹拾月壹拾贰日

C. 贰零贰零年拾月壹拾贰日　　D. 贰零贰零年零拾月壹拾贰日

33. 各种原始凭证,除由经办业务的有关部门审核以外,最后都要由(　　)进行审核。

A. 财政部门　　B. 董事会

C. 总经理　　D. 会计部门

二、多项选择题

1. 专用记账凭证按其所反映的经济业务是否与库存现金和银行存款有关,通常可以分为(　　)。

A. 收款凭证　　B. 付款凭证

C. 转账凭证　　D. 结算凭证

2. 记账凭证的填制,可以根据(　　)。

A. 每一张原始凭证　　B. 若干张同类原始凭证

C. 原始凭证汇总表　　D. 不同内容和类别的原始凭证

3. 下列凭证属于外来原始凭证的是(　　)。

A. 领料单　　B. 购货发货票

C. 收料单　　D. 出差人员车票

4. 原始凭证作为会计凭证之　,其作用可以是(　　)。

A. 记录经济业务　　B. 明确经济责任

C. 作为登账依据　　D. 作为编表的依据

5. 下列各单据中,经审核无误后可以作为编制记账凭证依据的是(　　)。

A. 填制完毕的工资计算单　　B. 运费发票

C. 银行转来的进账单　　D. 银行转来的对账单

6. 记账凭证审核的主要内容有(　　)。

A. 项目是否齐全　　B. 科目是否正确

C. 内容是否真实　　D. 数量是否正确

7. 制造费用分配表属于(　　)。

A. 累计凭证　　B. 自制原始凭证

C. 一次凭证　　D. 外来原始凭证

8. 收款凭证的借方科目可能是(　　)。

A. 应收账款　　B. 库存现金

C. 银行存款　　　　　　　　　　D. 应付账款

9. 在已装订好的记账凭证的封面上，应加盖印章的人员有(　　)。

A. 记账凭证填制人　　　　　　　B. 记账凭证装订人

C. 会计主管　　　　　　　　　　D. 出纳

10. 记账凭证的填制除必须做到记录真实、内容完整、填制及时、书写清楚外，还必须符合(　　)要求。

A. 如有空行，应当在空行处划线注销

B. 发生错误应该按规定的方法更正

C. 必须连续编号

D. 除另有规定外，应该有附件并注明附件张数

三、判断题

1. 转账支票大小写金额或收款人姓名填错，如有更改者，必须在更改处加盖预留银行印章。(　　)

2. 转账凭证只登记与货币资金收付无关的经济业务。(　　)

3. 会计档案保管期满后，可由档案管理部门自行销毁。(　　)

4. 发票、购货合同、收据等都是原始凭证。(　　)

5. 一切外来的原始凭证都是一次凭证。(　　)

6. 累计凭证是在一定期间内根据多张相同的原始凭证累计而成。(　　)

7. 从外部取得的原始凭证，必须盖有填制单位的公章，从个人取得的原始凭证，不需签名盖章。(　　)

8. 各种凭证不得随意涂改、刮擦、挖补，若填写有误，应用红字更正法予以更正。(　　)

9. 如果原始凭证已预先印定编号，在写坏作废时，应加盖“作废”戳记，妥善保管，不得撕毁。(　　)

10. 为了简化工作手续，可以将不同内容和类别的原始凭证汇总，填制在一张记账凭证上。(　　)

11. 在编制记账凭证时，原始凭证就是记账凭证的附件。(　　)

12. 填制和审核会计凭证是一种会计核算的专门方法。(　　)

13. 凡是库存现金或银行存款增加的经济业务必须填制收款凭证。(　　)

14. 付款凭证只有在银行存款减少时才填制。(　　)

15. 原始凭证的各项内容均不能涂改。(　　)

项目八　会计账簿

一、单项选择题

1. 企业开出转账支票 1790 元购买办公用品，编制记账凭证时，误记金额为 1970 元，科目及方向无误并已记账，应采用的更正方法是（　　）。

A. 补充登记 180 元　　B. 红字冲销 180 元

C. 在凭证中划线更正　　D. 把错误凭证撕掉重编

2. 下列明细分类账中，一般不宜采用三栏式账页格式的是（　　）。

A. 应收账款明细账　　B. 应付账款明细账

C. 实收资本明细账　　D. 原材料明细账

3. 根据正确的记账凭证登账，误将 100 元记为 1000 元，应采用（　　）进行更正。

A. 红字更正法　　B. 补充登记法

C. 划线更正法　　D. 平行登记法

4. 下列说法正确的是（　　）。

A. 企业应收应付账款明细账与对方单位账户记录核对属于账账核对

B. 所有账簿，每年必须更换新账

C. 除结账和更正错账外，一律不得用红色墨水登记账簿

D. 账簿记录正确并不一定保证账实相符

5. 下列无须设置明细账户进行核算的是（　　）。

A. 应付账款　　B. 实收资本

C. 累计折旧　　D. 原材料

6. 对“开出现金支票支付机器设备修理费 51000 元”这项业务，若发生记账错误，下列做法中正确的是（　　）。

A. 若编记账凭证时无误，账簿记录中将 51000 元误记为 15000 元，应采用补充登记法予以更正

B. 若编记账凭证时将51000元误记为510000元，会计科目正确，且已登记入账，应采用划线更正法予以更正

C. 若编记账凭证时将贷方科目记为“库存现金”，金额记为15000元，且已登记入账，应采用补充登记法予以更正

D. 若编记账凭证时将借方科目记为“生产成本”且已登记入账，应采用红字更正法予以更正

7. 填制记账凭证时无误，根据记账凭证登记账簿时，将10000元误记为1000元，已登记入账，更正时应采用(　　)。

A. 划线更正法　　B. 红字更正法

C. 补充登记法　　D. 更换账页法

8. 企业临时租入的固定资产应在(　　)登记。

A. 总分类账簿　　B. 明细分类账簿

C. 备查账簿　　D. 无须在账簿中做任何登记

9. 在登记账簿过程中，每一账页的最后一行及下一页第一行都要办理转页手续，是为了(　　)。

A. 便于查账　　B. 防止遗漏

C. 防止隔页　　D. 保持记录的连续性

10. 记账之后，发现记账凭证中将16000元误写为1500元，会计科目名称及应记方向无误，应采用的错账更正方法是(　　)。

A. 划线更正法　　B. 红字更正法

C. 补充登记法　　D. 更正账页法

11. 下列账户中，必须采用订本式账簿的是(　　)。

A. 原材料明细账　　B. 库存商品明细账

C. 银行存款日记账　　D. 固定资产登记簿

12. 企业生产车间因生产产品领用材料50000元，在填制记账凭证时，将借方科目记为“管理费用”并已登记入账，应采用的错账更正方法是(　　)。

A. 划线更正法　　B. 红字更正法

C. 补充登记法　　D. 重填记账凭证法

13. 从银行提取现金，登记库存现金日记账的依据是(　　)。

A. 库存现金收款凭证　　B. 银行存款收款凭证

C. 库存现金付款凭证　　D. 银行存款付款凭证

14. 生产成本明细账应采用(　　)。

A. 三栏式　　B. 多栏式

C. 数量金额式　　D. 横线登记式

15. 总账及特种日记账的外表形式应采用(　　)。

A. 活页式　　B. 卡片式

C. 订本式　　D. 任意外表形式

16. 应交税费—应交增值税明细账应采用的格式是(　　)。

A. 借方多栏式　　B. 贷方多栏式

C. 借方贷方多栏式　　D. 三栏式

17. 下列明细账户中,应采用贷方多栏式账页格式的是(　　)。

A. 管理费用　　B. 主营业务收入

C. 本年利润　　D. 应交税费—应交增值税

18. 下列登账方法中正确的是(　　)。

A. 依据记账凭证和原始凭证逐日逐笔登记明细账

B. 依据记账凭证和汇总原始凭证逐日逐笔或定期汇总登记明细账

C. 依据记账凭证逐笔登记总账

D. 依据汇总原始凭证定期汇总登记库存现金日记账

19. 账簿按(　　)不同,可分为两栏式账簿、三栏式账簿、多栏式账簿和数量金额式账簿。

A. 用途　　B. 作用

C. 账页格式　　D. 外形特征

20. 账簿按(　　)不同,可分为订本账、活页账和卡片账。

A. 作用　　B. 账页格式

C. 用途　　D. 外形特征

21. 对全部经济业务事项按照会计要素的具体类别而设置的分类账户进行登记的账簿,称为(　　)。

A. 备查账簿　　B. 序时账簿

C. 分类账簿　　D. 订本账簿

22. 下列明细分类账中,适用于登记材料采购业务的是(　　)。

A. 三栏式明细分类账　　B. 多栏式明细分类账

C. 数量金额式明细分类账　　D. 横线登记式明细分类账

23. 下列明细账中,既适用于金额核算,又适用于数量核算的是(　　)。

A. 库存商品明细账　　B. 应收账款明细账

C. 在途物资明细账　　D. 制造费用明细账

二、多项选择题

1. 下列(　　)明细账既可逐日逐笔登记,也可定期汇总登记。

A. 固定资产　　B. 库存商品

C. 应收账款　　D. 管理费用

2. 下列各项中,按规定应当建立备查账簿登记的有(　　)。

A. 银行存款　　B. 融资租入设备

C. 经营租入设备　　D. 已贴现商业承兑汇票

3. 登记账簿的依据可以是(　　)。

A. 原始凭证　　B. 记账凭证

C. 记账凭证汇总表　　D. 原始凭证汇总表

4. 下列说法中正确的有(　　)。

A. 短期借款明细账应采用三栏式账页格式

B. 应收账款明细账应采用订本式账簿

C. 多栏式明细账一般适用于成本费用、收入和利润类的明细账

D. 对账的内容包括账证核对、账账核对、账实核对

5. 以下账簿需要在每年年初更换新账的是(　　)。

A. 总账　　B. 库存现金日记账

C. 银行存款日记账　　D. 固定资产卡片账

6. 下列说法中不正确的有(　　)。

A. 日记账必须采用三栏式

B. 总账最常用的格式为三栏式

C. 平行式明细账不适用一次性备用金业务

D. 银行存款日记账应按企业在银行开立的账户和币种分别设置,每个银行账户设置一本日记账

7. 以下表述正确的有(　　)。

A. 多栏式明细账一般适用于资产类账户

B. 在会计核算中,一般应通过财产清查进行账实核对

C. 因记账凭证错误而造成的账簿记录错误,一定采用红字更正法进行更正

D. 各种日记账、总账及资本、债权债务明细账都可以采用三栏式账簿

8. 会计账簿按经济用途的不同,可以分为(　　)。

A. 序时账簿　　B. 分类账簿

C. 联合账簿　　D. 备查账簿

9. 下列登记银行存款日记账的方法中正确的有(　　)。

A. 逐日逐笔登记并逐日结出余额

B. 根据企业在银行开立的账户和币种分别设置日记账

C. 使用订本账

D. 业务量少的单位用银行对账单代替日记账

10. 以下登记总账的方法中正确的有(　　)。

A. 根据记账凭证逐笔登记总账

B. 根据原始凭证或汇总记账凭证登记总账

C. 根据科目汇总表登记总账

D. 根据明细账逐笔登记总账

11. 下列对账工作中,属于账账核对的是(　　)。

A. 银行存款日记账与银行对账单的核对

B. 应收、应付款项明细账与债权债务单位账面记录核对

C. 财产物资明细账与财产物资保管明细账核对

D. 库存现金日记账余额与库存现金总账余额核对

三、判断题

1. 明细分类账的登记依据只能是记账凭证。(　　)

2. 账簿记录正确并不一定保证账实相符。(　　)

3. 企业应收应付款明细与对方单位账户记录核对属于账账核对。(　　)

4. 除结账和更正错账外,一律不得用红色墨水记账簿。(　　)

5. 各种日记、总账、资本、债权债务明细都可采用三栏式账簿。(　　)

6. 年度终了,各种账户在结转下年、建立新账后,一般都要把旧账送交主办会计集中统一管理。(　　)

7. 多栏式明细一般适用于资产类账户。(　　)

8. 在会计核算中,一般应通过财产清查进行账实核对。(　　)

9. 由于记账凭证错误而造成的账簿记录错误,应该用划线更正法进行更正。(　　)

10. 会计核算中,红笔一般只有在划线、改错、冲账和表示负数金额时使

用。(　　)

11. 在账簿记录中有可能出现红字。(　　)

12. 在借贷记账法下,全部总分类账户的借方发生额合计数等于全部明细分类账户的借方发生额合计数。(　　)

13. 设置和登记账簿是编制会计报表的基础,是连接会计凭证与会计报表的中心环节。(　　)

14. 应收账款明细账应采用三栏式账页的订本账。(　　)

15. 原材料明细账应用数量金额式的活页账。(　　)

项目九 会计报表编制前的准备工作

一、单项选择题

1. 会计报表编制的根据是(　　)。

A. 原始凭证　　　　B. 记账凭证

C. 科目汇总表　　　　D. 账簿记录

2. 依照我国的会计准则,资产负债表采用的格式为(　　)。

A. 单步报告式　　　　B. 多步报告式

C. 账户式　　　　D. 混合式

3. 依照我国的会计准则,利润表采用的格式为(　　)。

A. 单步报告式　　　　B. 多步报告式

C. 账户式　　　　D. 混合式

4. (　　)是指企业对外提供的反映企业某一特定日期财务状况和某一会计期间经营成果、现金流量情况的书面文件。

A. 资产负债表　　　　B. 利润表

C. 会计报表附注　　　　D. 财务会计报告

5. 资产负债表是反映企业(　　)财务状况的会计报表。

A. 某一特定日期　　　　B. 一定时期内

C. 某一年份内　　　　D. 某一月份内

6. 在下列各个会计报表中,属于企业对外提供的静态报表是(　　)。

A. 利润表　　　　B. 所有者权益变动表

C. 现金流量表　　　　D. 资产负债表

7. 某年 12 月 31 日编制的当月利润表中本期金额一栏反映了(　　)。

A. 12 月 31 日利润或亏损的情况　　B. 12 月累计利润或亏损的形成情况

C. 12 月利润或亏损的形成情况　　D. 第 4 季度利润或亏损的形成情况

8. 在资产负债表中,资产按照其流动性排列时,下列排列方法正确的有(　　)。

A. 存货、无形资产、货币资金、交易性金融资产

B. 交易性金融资产、存货、无形资产、货币资金

C. 无形资产、货币资金、交易性金融资产、存货

D. 货币资金、交易性金融资产、存货、无形资产

9. 应收账款科目所属明细科目如有贷方余额,应在资产负债表(　　)项目中反映。

A. 预收账款　　B. 预付账款

C. 应收账款　　D. 应付账款

10. 下列各项中,不会影响营业利润金额增减的是(　　)。

A. 资产减值损失　　B. 财务费用

C. 投资利润　　D. 营业外收入

二、多项选择题

1. 企业财务会计报表按其编报的时间不同,分为(　　)。

A. 半年度报表　　B. 月度报表

C. 季度报表　　D. 年度报表

2. 下列项目中,列示在资产负债表左方的有(　　)。

A. 固定资产　　B. 无形资产

C. 其他资产　　D. 流动资产

3. 下列项目中,列示在资产负债表右方的有(　　)。

A. 非流动资产　　B. 非流动负债

C. 流动负债　　D. 所有者权益

4. 以下项目中,会影响营业利润计算的有(　　)。

A. 营业外收入　　B. 营业税金及附加

C. 营业成本　　D. 销售费用

5. 下列影响利润总额计算的项目有(　　)。

A. 营业收入　　B. 营业外支出

C. 营业外收入　　D. 投资收益

6. 按现行制度规定,企业财务会计报告主要包括(　　)和附注。

A. 资产负债表　　B. 利润表

C. 现金流量表　　D. 所有者权益变动表

7. 企业中期财务会计报表至少应当包括(　　)。

A. 资产负债表　　B. 利润表

C. 现金流量表　　D. 附注

8. 单位编制的财务会计报告应当(　　)。

A. 真实可靠　　B. 相关可比

C. 全面完整、编制及时、便于理解

D. 符合国家统一的会计制度的有关规定

9. 下列各项中,属于资产负债表中流动负债项目的有(　　)。

A. 应付职工薪酬　　B. 应付股利

C. 应交税费　　D. 应付票据

10. 利润表中的营业收入项目填列所依据的是(　　)。

A. 主营业务收入发生额　　B. 本年利润发生额

C. 其他业务收入发生额　　D. 投资收益发生额

三、判断题

1. 中期财务报表是指以一年的中间日为资产负债表日编制的财务报表。(　　)

2. 营业利润减去管理费用、销售费用、财务费用和所得税后得到净利润。(　　)

3. 资产负债表是反映企业一定报告期间财务状况的报表。(　　)

4. 利润表是反映企业一定期间经营成果的会计报表。(　　)

5. 在资产负债表中,其他应收款项目应根据其总账余额直接填列。(　　)

6. 向不同会计资料使用者提供财务会计报告,其编制依据应当一致。(　　)

7. 利润表是反映企业一定日期经营状况的会计报表。(　　)

8. 资产负债表中资产项目是按资产流动性由小到大的顺序排列的。(　　)

9. 利润表中的各项目应根据有关损益账户的本期发生额或余额分析计算填列。(　　)

10. 个别报表和合并报表都是由企业在自身会计核算基础上对账簿记录进行加工而编制的会计报表。(　　)

项目十　财务会计报告

一、单项选择题

1. 股东(投资者)作为财务会计报告的使用者之一,其主要关注(　　)。

A. 企业财务状况好坏、经营业绩的大小以及现金的流动情况

B. 职工福利的好坏

C. 投资的内在风险和投资报酬

D. 企业的兴衰及其发展情况

2. 季度财务会计报告应于每季度终了后的(　　)日内报出。

A. 10　　B. 15

C. 6　　D. 30

3. 在资产负债表中,下列属于非流动资产项目的是(　　)。

A. 其他应收款　　B. 交易性金融资金

C. 可供出售金融资金　　D. 预付账款

4. 我国企业的资产负债表采用(　　)结构。

A. 多步式　　B. 报告式

C. 单步式　　D. 账户式

5. 反映企业在一定会计期间经营成果的报表是(　　)。

A. 资产负债表　　B. 利润表

C. 现金流量表　　D. 所有者权益变动表

6. 在编制资产负债表时不能根据有关账户的期末余额直接填列的项目是(　　)。

A. 应收票据　　B. 短期借款

C. 预计负债　　D. 存货

7. (　　)不是利润表中的项目。

A. 管理费用　　B. 其他业务收入

C. 营业外收入　　D. 所得税

8. 资产负债表的作用是反映企业（　　）。

A. 某一时期的经营成果

B. 某一时期的财务状况

C. 某一时点的经营成果

D. 某一时点的财务状况

9. 资产负债表的资产项目通常按照（　　）的顺序排列。

A. 货币资金、应收账款、长期股权投资、存货、固定资产

B. 货币资金、应收账款、存货、长期股权投资、固定资产

C. 应收账款、货币资金、长期股权投资、存货、固定资产

D. 应收账款、货币资金、存货、固定资产、长期股权投资

10. 填制资产负债表存货项目的主要依据不包括（　　）。

A. 原材料　　B. 生产成本

C. 工程物资　　D. 存货跌价准备

二、多项选择题

1. 下列属于中期财务会计报告的有（　　）。

A. 季报　　B. 半年报

C. 月报　　D. 年报

2. 下列各项中，属于财务会计报告编制基本要求的有（　　）。

A. 相关可比　　B. 全面完整

C. 真实可靠　　D. 历史成本

3. 下列各项中，属于流动负债的有（　　）。

A. 应付职工薪酬　　B. 专项应付款

C. 应付债券　　D. 应付股利

4. 新《企业会计准则——基本准则》规定，中期财务会计报告至少应当包括（　　）。

A. 资产负债表　　B. 利润表

C. 现金流量表　　D. 附注

5. 在资产负债表“负债及所有者权益”方填列的项目是（　　）。

A. 累计折旧　　B. 长期应付款

C. 预付账款　　D. 预收账款

6. 下列会计科目中，属于流动资产的有(　　)。

A. 应收账款　　B. 预付账款

C. 无形资产　　D. 存货

7. 资产负债表中“货币资金”项目，应根据(　　)账户的期末余额合计填列。

A. 现金　　B. 银行存款

C. 其他应收款　　D. 其他货币资金

8. 会计报表的使用者包括(　　)。

A. 债权人　　B. 企业内部管理层

C. 投资者　　D. 潜在投资者

E. 国家政府部门

9. 资产负债表中不属于非流动资产的项目包括(　　)。

A. 消耗性生物资产　　B. 长期待摊费用

C. 在建工程　　D. 油气资产

E. 交易性金融资产

10. 现金及现金等价物主要包括的内容有(　　)。

A. 库存现金　　B. 银行存款

C. 其他货币资金　　D. 现金等价物

E. 外埠存款

三、判断题

1. 财务会计报告的使用者通常包括投资者、债权人、政府及相关机构、企业管理人员、职工和社会公众等。(　　)

2. 我国《小企业会计制度》规定，小企业的财务会计报告必须包括现金流量表。(　　)

3. 按照我国企业会计准则的规定，我国企业的利润表采用单步式。(　　)

4. 根据我国《企业财务会计报告条例》的规定，年度和半年度财务会计报告应当包括会计报表的附注。(　　)

四、业务计算题

目的：了解销售过程、利润形成过程的经济业务，并掌握这些过程中经济业务的会计处理及利润报表的编制。

资料：某一般纳税企业 2021 年 8 月发生下列经济业务，请根据本期发生的经济业务编制会计分录和利润表：

(1)企业销售甲产品 1000 件，每件售价 80 元，货款已通过银行收讫。

(2)企业同城销售给红星厂乙产品 900 件，每件售价 50 元，但货款尚未收到。

(3)结转已售甲、乙产品的生产成本。其中，甲产品生产成本 65400 元；乙产品生产成本 36000 元。

(4)以银行存款支付本月销售甲、乙两种产品的销售费用 1520 元。

(5)根据规定计算应缴纳城市维护建设税 8750 元。

(6)王明外出归来报销因公务出差的差旅费 350 元(原已预支 400 元)。

(7)以现金 1000 元支付厂部办公费。

(8)企业收到红星厂前欠货款 45000 元并存入银行。

(9)没收某单位逾期未退回的包装物押金 6020 元。

(10)年初，用银行存款支付车间全年材料仓库的租赁费 2400 元。

(11)摊销应由本月负担的预付材料仓库租赁费。

(12)根据上述有关经济业务，结转本期营业收入、营业外收入。

(13)根据上述有关经济业务，结转本月营业成本、销售费用、营业税费、管理费用。

(14)根据本期实现的利润总额，按 33%的税率计算应交所得税。

(15)以银行存款上缴税金，其中城市维护建设税 8750 元、所得税 5874 元。

项目十一　会计核算组织程序

一、单项选择题

1. 记账凭证核算组织程序下登记总分类账的根据是(　　)。

A. 记账凭证　　B. 汇总记账凭证

C. 科目汇总表　　D. 原始凭证

2. 在下列核算组织程序中，被称为最基本的会计核算组织程序的是(　　)。

A. 记账凭证核算组织程序　　B. 汇总记账凭证核算组织程序

C. 科目汇总表核算组织程序　　D. 日记总账核算组织程序

3. 汇总收款凭证是按(　　)。

A. 收款凭证上的借方科目设置　　B. 收款凭证上的贷方科目设置

C. 付款凭证上的借方科目设置　　D. 付款凭证上的贷方科目设置

4. 汇总付款凭证是按(　　)。

A. 收款凭证上的借方科目定期汇总

B. 收款凭证上的贷方科目定期汇总

C. 付款凭证上的借方科目定期汇总

D. 付款凭证上的贷方科目定期汇总

5. 汇总转账凭证是按(　　)。

A. 收款凭证上的贷方科目设置　　B. 付款凭证上的贷方科目设置

C. 转账凭证上的贷方科目设置　　D. 转账凭证上的借方科目设置

6. 汇总记账凭证核算组织程序的特点是(　　)。

A. 根据各种汇总记账凭证直接登记明细分类账

B. 根据各种汇总记账凭证直接登记总分类账

C. 根据各种汇总记账凭证直接登记日记账

D. 根据各种记账凭证直接登记总分类账

7. 科目汇总表的基本编制方法是(　　)。

A. 按照不同会计科目进行归类定期汇总

B. 按照相同会计科目进行归类定期汇总

C. 按照借方科目进行归类定期汇总

D. 按照贷方会计科目进行归类定期汇总

8. 科目汇总表核算组织程序的特点是(　　)。

A. 根据各种记账凭证直接登记总分类账

B. 根据科目汇总表登记总分类账

C. 根据汇总记账凭证登记总分类账

D. 根据科目汇总表登记明细分类账

9. 日记总账核算总账程序的特点是(　　)。

A. 根据各种记账凭证直接逐笔登记总分类账

B. 根据各种记账凭证直接逐笔登记日记总账

C. 根据各种记账凭证直接逐笔登记明细分类账

D. 根据各种记账凭证直接逐笔登记日记账

二、多项选择题

1. 会计循环的主要环节有(　　)。

A. 设置账户　　B. 填制会计凭证

C. 成本计算　　D. 登记账簿

E. 编制会计报表

2. 在会计循环中,属于会计主体日常会计核算工作内容的有(　　)。

A. 根据原始凭证填制记账凭证

B. 根据编制的会计分录登记分类账

C. 编制调整分录并予以过账

D. 根据分类账记录编制结账前试算表

E. 编制结账分录并登记入账

3. 在会计循环中,属于会计主体会计期末会计核算工作内容的有(　　)。

A. 编制结账前试算表　　B. 编制调整分录并予以过账

C. 编制结账后试算表　　D. 编制结账分录并登记入账

E. 编制会计报表

4. 记账凭证核算组织程序的优点有(　　)。

A. 在记账凭证上能够清晰地反映账户之间的对应关系

B. 在总分类账上能够比较详细地反映经济业务的发生情况

C. 总分类账登记方法易于掌握

D. 可以减轻总分类账登记的工作量

E. 账页耗用较少

5. 为便于编制汇总收款凭证，日常编制收款凭证时，分录形式最好是(　　)。

A. 一借一贷　　B. 一借多贷

C. 多借一贷　　D. 多借多贷

E. 多借两贷

6. 为便于汇总转账凭证的编制，日常编制转账凭证时，分录形式最好是(　　)。

A. 一借一贷　　B. 一贷多借

C. 一借多贷　　D. 多借多贷

E. 一借两贷

7. 科目汇总表核算组织程序的优点有(　　)。

A. 可以进行账户发生额的试算平衡

B. 可减轻登记总账的工作量

C. 能够保证总分类账登记的正确性

D. 适用性比较强

E. 可清晰地反映账户之间的对应关系

三、判断题

1. 每一个会计循环一般都是在一个特定的会计期间内完成的。(　　)

2. 记账凭证核算组织程序是最常见的一种会计核算组织程序。(　　)

3. 汇总记账凭证是根据各种专用记账凭证汇总而成的。(　　)

4. 日记总账是一种兼具序时账簿和分类账簿两种功能的联合账簿。(　　)

5. 各种核算组织程序下采用的总分类账均为借、贷、余三栏式。(　　)

图书在版编目(CIP)数据

会计基础实训习题册/孙美娇,潘成,肖炜华主编.—合肥:合肥工业大学出版社,2021.7

ISBN 978-7-5650-5360-3

Ⅰ.①会… Ⅱ.①孙…②潘…③肖… Ⅲ.①会计学—高等学校—习题集 Ⅳ.①F230-44

中国版本图书馆CIP数据核字(2021)第126503号

会计基础实训习题册

主编 孙美娇 潘 成 肖炜华　　责任编辑 秦晓丹

出 版	合肥工业大学出版社	版 次	2021年7月第1版
地 址	合肥市屯溪路193号	印 次	2021年7月第1次印刷
邮 编	230009	开 本	710毫米×1000毫米 1/16
电 话	人文社科出版中心:0551-62903205	印 张	6
	营销与储运管理中心:0551-62903198	字 数	100千字
网 址	www.hfutpress.com.cn	印 刷	安徽昶颉包装印务有限责任公司
E-mail	hfutpress@163.com	发 行	全国新华书店

ISBN 978-7-5650-5360-3　　定价:35.80元

如果有影响阅读的印装质量问题,请与出版社营销与储运管理中心联系调换